KB196437

성공하는, 오래가는 커뮤니티의 비밀

잘되는 커뮤니티는 리더십이 다르다

성공하는, 오래가는 커뮤니티의 비밀

잘되는 커뮤니티는 리더십이 다르다

초판 1쇄 인쇄 2025년 2월 19일
초판 1쇄 발행 2025년 3월 5일

지은이 조창오

발행인 백유미 조영석
발행처 (주)라온아시아
주소 서울특별시 서초구 방배로 180 스파크플러스 3F

등록 2016년 7월 5일 제 2016-000141호
전화 070-7600-8230 **팩스** 070-4754-2473

값 19,500원
ISBN 979-11-6958-158-5 (13320)

※ 라온북은 (주)라온아시아의 퍼스널 브랜드입니다.

성공하는, 오래가는 커뮤니티의 비밀

잘 ✦ 되는 커뮤니티는 리더십이 다르다

조창오 지음

오래 가는 커뮤니티의 9가지 필수 조건!

작지만 강한 커뮤니티의 조건은 무엇인가?

"이 책은 리더십을 넘어,사람의 마음을 얻는 본질을 깊이 통찰한다." - 강윤선 준오헤어 대표이사 추천

RAON BOOK

현대인들은 자본주의의 굴레 속에서 점점 더 외롭게 단절되어가고 있다. 그 어떤 시기보다 작은 연대가 필요한 시기다. 조창오 작가는 그 대안을 커뮤니티라고 말한다. 이 책은 커뮤니티와 리더십에 대해 얘기하고 있지만 본질은 희망을 이야기한 책이다. 조창오 작가를 처음 본 순간 우리 시대가 필요로 하는 리더라고 느꼈다. 희망을 이야기 하는 커뮤니티 리더들이 많아지길 바라며, 이 책을 강력히 추천한다.

– 메가스터디

손주은 회장

이 책을 보며 조창오 작가가 얼마나 커뮤니티에 진심을 다하고 정성을 쏟았는지 알 수 있었다. 모두를 주인공으로 만들어 주려는 그의 마음에 깊은 감명을 받았다. 진정한 리더는 단순히 조직을 이끄는 사람이 아니라, 구성원의 마음을 움직이고 함께 성장하는 길을 만들어가는 사람이다. 이 책은 리더십을 넘어, 사람의 마음을 얻는 본질을 깊이 통찰한다. 인간관계에서 어려움을 겪고 있다면, 반드시 읽어야 할 책이다. 이 책이 당신에게 새로운 길을 열어줄 것이다.

– 준오헤어
강윤선 대표이사

조창오 작가가 운영하는 독서 커뮤니티의 모습을 몇 년째 지켜보았다. 그리고 그는 내가 본 사람 중에서 최고로 섬세한 리더십을 지녔다. 이 책은 그의 운영 노하우와 커뮤니티 철학을 전부 담고 있다. 이 책을 읽는다면 당신의 리더십을 58000% 상승시킬 수 있을 것이다.

- 370만 영화 유튜버

지무비

조창오 작가는 큰 규모의 커뮤니티뿐 아니라, 작은 규모의 커뮤니티에도 진심을 다하고 정성을 쏟는 사람이다. 이 책은 커뮤니티를 통해 세상을 바라보고 자신의 길을 모색해 나가는 한 청년의 이야기를 담고 있다. 저자는 자신만의 경험과 사례를 바탕으로, 어떻게 효과적인 커뮤니티를 만들고 유지할 수 있는지에 대한 실용적인 인사이트를 제공한다. 특히, 리더십의 역할을 강조하며, 성공적인 커뮤니티 리더가 되기 위한 핵심 요소들을 명확하게 정리해 준다. 커뮤니티를 구축하고자 하는 사람뿐만 아니라, 조직과 팀을 더 단단하게 만들고 싶은 리더들에게도 이 책을 강력 추천한다.

- 고려대 경영대학
유원상 교수

'커뮤니티는 각자의 절실함을 채워주어야 한다'는 저자의 통찰처럼, 같은 꿈을 향해 나아가는 동료들과 함께할 때 우리는 더 단단한 브랜드로 자리 잡을 수 있다. 퍼스널 브랜딩의 본질은 혼자 빛나는 것이 아니라, 함께 성장하는 것이기 때문이다. 이 책에는 지속가능한 네트워크를 구축하는 노하우가 가득 담겨 있다. 커뮤니티를 시작하는 분들에게는 따뜻한 안내서가, 이미 길을 걷고 있는 분들에게는 더욱 견고한 기반이 되어 줄 것이다.

– **《퍼스널 브랜딩에도 공식이 있다》 저자**
조연심, 엠유 대표

조창오 작가의 독서 모임에 2년째 참여하며, 그의 리더십이 지닌 진정한 힘을 매일 느끼고 있다. 다양한 분야의 우수한 인재들이 서로의 지혜를 나누는 모습은 그야말로 경이롭다. 그의 책은 커뮤니티 운영에 대한 깊이 있는 철학과 실질적인 노하우를 담고 있어, 커뮤니티와 리더십에 관심 있는 사람들이 반드시 읽어야 할 필독서다. 이 책을 통해 더 많은 사람들이 커뮤니티의 힘을 깨닫고, 함께 성장하는 기회를 경험하길 바란다.

– 준오헤어
정옥 전무

30대 중반을 넘어서며, 인생의 위기를 경험했다. 새로운 변화가 필요했고, 그렇다고 큰 변화를 만들기엔 부족함이 컸다. 우리는 뭉칠 필요가 있었다. 서로의 지지와 연대를 만들고 싶었다. 바로 어른들의 느슨한 연대, '낯선대학'의 시작이었다. 조창오 작가를 처음 봤을 때 나의 지난 날이 떠올랐다. 그는 생의 위태로운 파도를 커뮤니티를 통해 극복하고 있었다. 이 책은 커뮤니티를 통해 어떻게 삶의 위기를 극복할 수 있는지를 이야기한다. 미래를 향한 더 멋진 커뮤니티들이 이 책을 통해 등장하길 기대해본다.

- 플라잉웨일
백영선 대표

조창오 작가는 단순한 리더가 아니라, 사람들이 자연스럽게 따르게 만드는 탁월한 리더다. 그와 함께 한 독서 모임에서 그의 리더십을 직접 경험하며 깊은 감동을 받았다. 따뜻한 배려와 탁월한 운영 방식으로 공동체를 성장시키고, 구성원들이 함께 발전할 수 있도록 이끈다. 이 책에는 그런 그의 리더십 노하우가 아낌없이 담겨 있다. 작은 커뮤니티를 시작하는 사람부터 조직과 팀을 성공적으로 이끌고 싶은 리더까지, 누구에게나 실질적인 인사이트를 제공할 것이다. 이 책을 읽는 순간, 당신도 사람들이 자연스럽게 따르고 싶어 하는 리더가 되는 법을 깨닫게 될 것이다.

- 계양다나음한방병원
안현우 원장

"가치 있는 것은 오래 걸리니까" (feat. 나는 반딧불)

31살에 다시 신입사원으로 입사했다. 나는 늘 남들보다 늦었다. 그래서 누구보다 더 잘하고 싶었다. 하지만 일이 잘 맞지 않았다. 좋아해야 몰입할 수 있는데, 그러지 못했다. 천직이라기보다는 생계를 위한 노동처럼 느껴졌다. 일이 힘겹게 느껴졌고, 잘하지 못한다는 생각에 스스로에게 실망하는 날도 많았다.

하지만 30대에 퇴사한 뒤 더 나은 조건으로 이직하는 건 쉽지 않아 보였다. 무엇보다 새로운 도전이 두렵고 막막했다. 나이는 들어가는데 이룬 것은 없다는 생각이 들 때마다

우울감이 몰려왔다. 그런 순간마다 나를 위로해 준 것은 책이었다

특히, 구본형 작가의《그대, 스스로를 고용하라》는 나에게 큰 위안을 줬다.

"일과 취미가 녹아 있는 상태를 우리는 '좋아하는 일을 하고 있다' 고 정의할 수 있다. 일 자체에 몰입하고 그 분야에서 기량을 쌓다 보면, 우리의 삶은 풍요로워진다. 이것이 성공이다. 명예와 돈은 그런 사람에게 주어지는 선물이다"

"내가 아닌 남이 되는 것을 포기하는 그 순간부터 우리는 승리하기 시작한다. 자기가 모든 근본적 변화의 시작이다. 돈에 투자하면 딸 때도 있고 잃을 때도 있다. 그러나 자신에게 투자하면 절대로 잃는 법이 없다."

연봉도 높고 안정적이라는 이유로 금융권에 들어왔지만, 내 마음은 늘 공허했다. 남들이 좋다고 하는 곳에 왔는데, '왜 나는 이렇게 괴로울까?'라는 생각이 떠나지 않았다. 그래서 내가 잘하고, 좋아하는 일이 무엇인지 끊임없이 찾아 나섰다.

고민 해결해 주는 남자(고해남TV)라는 유튜브 채널을 열어 열정적으로 살아가는 사람들을 인터뷰했다. 그들과의 대화를 통해 에너지와 지혜를 얻으며, 점점 내가 가야 할 길을 깨닫기 시작했다.

주중 낮에는 회사 업무, 저녁에는 MBA, 주말에는 유튜브 촬영과 편집을 반복했다. 이상하게도 주말은 지치지 않았다. 물론 체력적으로는 힘들었지만, 몰입할 수 있어 좋았다. 그렇다, 이건 내가 진정으로 좋아하는 일이었다.

하지만 좋아하는 일을 위해 퇴사하는 것은 또 다른 두려움이었다. 몇몇 지인들이 유튜브 채널을 만들어 달라고 요청했지만, 그것만으로 생계를 유지할 수 있을지 확신이 없었다. 그때, 다시 한번 구본형 작가님의 책이 내게 용기를 주었다.

"과거를 죽이지 않으면 새로운 현실은 없다. 잃어버리면 얻을 것이다. 장님이 되어라, 그러면 보일 것이다. 집을 떠나라, 그러면 집에 도착할 것이다. 한 마디로 말해서 죽어라, 그러면 살게 되리라"

"개인의 혁명은 자신의 껍데기를 죽임으로써 가장 자기다

워질 것을 목표로 한다"

"나는 어떤 이야기보다도 인간의 이야기를 좋아한다. 그 이야기보다 감동적인 것은 없다. 그것은 한 평범한 사람이 무기력과 좌절 속에서 자신을 찾아가는 이야기이다. 그것은 눈물이며 속 깊은 고백이다. 아무도 없는 벌판의 외로움이며, 시뻘건 열정이요, 자신에 대한 한없는 사랑이다."

야구에서는 1루 베이스에서 발을 떼어야 2루로 갈 수 있다. 하지만 나는 1루를 떠나야 한다는 걸 알면서도 발을 떼지 못했다. 38살의 퇴사는 너무도 두려웠다. 회사가 없으면 내 인생이 끝나는 것만 같았다. 한 번도 내 재능을 자본화해 본 경험이 없었기 때문이다.

하지만 그때, 나를 2루에서 손짓하며 부르는 사람들이 있었다. 바로 독서 커뮤니티 사람들이었다. 내가 가고자 하는 길을 한발 앞서 가던 사람들과의 네트워크는 나에게 큰 힘이 되었다. 그리고 그들과 함께 미래를 이야기할 때, 공허했던 마음이 채워지는 기분이 들었다. 그렇게 나는 용기를 낼 수 있었다.

몇 년 전까지만 해도 사업은 생각조차 하지 못했다. 그러나 주변을 꿈꾸는 사람들로 채우자, 나도 할 수 있을 것만 같았다. 그리고 지금은 내 선택이 너무도 잘했다고 확신한다. 나는 현재 브랜딩이 필요한 사업가들을 대상으로 유튜브 영상 제작 사업을 운영하고 있다. 누군가를 도와주는 일, 그리고 새로운 것을 기획하고 만들어내는 일이 나와 잘 맞고 재미있다. 게다가 내가 좋아하는 강의도 경희대에서 하고 있다. 학생들에게 취업과 진로에 대한 지혜와 도움을 주면서, 그 어느 때보다 주도적이고 만족스러운 하루를 살고 있다.

최근 유퀴즈 방송에서 유재석이 가수 황가람에게 147일 동안 노숙생활을 하며 가수를 꿈꿨던 과거의 자신에게 해주고 싶은 말이 있냐고 물었다. 황가람은 한동안 말문이 막히더니, 나지막이 울며 말했다.

"가치 있는 일은 빨리 되는 게 아니니까, 더 열심히 했으면 좋겠다."

그 방송을 보며 나도 많이 울었다. 내 이야기처럼 깊이 공감됐다. 나도 힘들어하고 있을 과거의 나에게 이렇게 말해주고 싶다.

"조금은 오래 걸리겠지만, 결국 잘될 거야. 지금처럼 계속 열심히 하자."

이 책을 통해 더 많은 사람들이 빛날 수 있도록 돕는 좋은 커뮤니티가 많이 생기길 바란다.

조 창 오

차 례

2장

커뮤니티는 우리에게 어떤 도움이 되는가?

3장

어떻게 커뮤니티를 만들 것인가?

4장

오래가는 커뮤니티의 비밀

5장

리더십이 커뮤니티를 완성시킨다

회사도 결국 커뮤니티다

1장

왜 사람들은 커뮤니티에 열광하는가

나에게 커뮤니티는 해방구였다

방황 많은 지각 인생

나는 긴 수험생활로 또래보다 2년이나 대학입학이 늦었다. 군대는 ROTC로 다녀오느라 28살이 되어서야 전역을 했다. 쉼 없이 달려온 나에게 보상을 해주고 싶기도 하고, 자유를 만끽하고 싶어서 6개월 정도 여러 나라들을 여행했다.

그러다 29살이 되어서 보험사 영업관리직 공채로 첫 취업을 하게 됐다. 처음 맡았던 업무는 보험설계사 분들을 교육하는 업무였는데, 워낙 대학생 때부터 과외를 많이 하기도 했고 관심 분야이다 보니 일이 잘 맞았다. 하지만 잦은 회식에, 야근이 많으니 몸과 마음은 계속 지쳐갔다.

그러던 어느 날 HRD 파트에서 초대한 기업교육 강사님의 강연이 있었는데, 묘하게 수업에 빨려 들어갔다. 그 강연자는 현재 로젠탈콘텐츠랩 민현기 대표님이었다.

회사생활을 하면서 처음으로 '저렇게 멋있게 살고 싶다'란 생각이 들었고, '저게 내 길이다'라는 생각이 불현듯 들었다. 난 강연이 끝나고 바로 달려가 명함을 주고받으며 찾아뵙고 싶다고 말씀드렸다. 그분은 "언제 한번 찾아오세요"라고 답했다.

그 당시에 고민이 정말 많았다. 31살의 나이에 퇴사를 하면 재취업도 힘들 것 같았고, 강사라는 꿈을 이루지 못하면 인생이 끝날 것 같은 두려움이 들었다. 하지만 몇 년이 지나도 지금의 삶은 아니란 생각이 들었고, 강사의 꿈이 나와 맞아보였다. 그렇게 깊은 고민 끝에 2년 근무를 꽉 채우고 퇴사를 했다. 그리고 약속한 대로 그분을 찾아갔다. 민현기 대표님은 "퇴사하고 오라고 하진 않았는데…."라며 웃으며 말했다.

나는 기업교육 강사들의 커뮤니티에 들어가 교류하며 강연도 함께 듣고, 행복한 두 달을 보냈다. 그러나 시간이 흐를

수록 모아둔 돈과 퇴직금이 점점 줄어드는 현실이 나를 불안하게 만들었다. '과연 내가 혼자 힘으로 살아남을 수 있을까?'하는 의구심이 들기 시작했다. 결정적인 순간은《일생에 한 번은 고수를 만나라》를 쓴 한근태 작가님의 강연을 들으면서 찾아왔다. 1956년생이신 한근태 작가님은 39세에 대우자동차 최연소 이사를 역임하셨고, 당시에 CEO들을 대상으로 강연을 할만큼 깊은 내공을 자랑하셨다. 게다가 아버지뻘 되는 연배임에도 젊은 세대의 눈높이에 맞춰 유쾌하게 강연하시며 강렬한 인사이트를 전하는 모습이 인상적이었다. 그분을 보며 나는 깨달았다.

'이런 사람들이 강연을 하는 거구나.'

'내공이란 이런 거구나.'

'이래서 몸값이 높으신 거구나.'

강연 중, 한근태 작가님은 이렇게 말씀하셨다.

"무언가를 이루기 위해서는 축적의 시간이 필요합니다. 책을 읽었다면 반드시 요약해서 컴퓨터 폴더에 저장하는 습관을 지니세요. 언제든 냉장고처럼 꺼내 쓸 수 있다면, 언젠가 큰 무기가 되어줄 겁니다."

이 말을 듣고 나도 '축적의 시간을 가져야겠다'라는 결심을 했다. 그리고 바로 한근태 작가님의 강연을 요약해 블로그에 첫 글을 남겼다. 2016년의 그 블로그 글은 겨우 사진 한 장과 짧은 요약 몇 줄 뿐이었지만, 내게는 작지만 큰 시작이었다.

첫 회사를 퇴사한 후, 기업교육 강사 커뮤니티에 들어가며 현실을 직시하게 되었다. '언젠가 세바시에서 멋지게 강연하고 싶다.'라는 꿈이 있었지만, 나는 강연을 위한 준비도, 뿌리내린 분야도 없는 사람이었다. 나를 불러줄 곳은 어디에도 없었다. 결국, 31살의 나이에 다시 대기업 대졸 공채 신입사원으로 지원서를 내기 시작했다. 31살이란 나이가 너무 무겁게 느껴졌고, 마지막 기회라는 생각이 들었다. 그래서 더욱 간절했다. 나는 최종 면접을 앞둔 회사 지점들을 돌아다니며, 지점장님들을 인터뷰 하기로 했다. 내 경험을 이곳에서 어떻게 살릴 수 있을지, 회사가 나아가고자 하는 방향은 무엇인지 지점장님들께 자세히 여쭤봤다. 하늘이 도운 건지 감사하게도 지점장님들은 아직 입사하지도 않은 젊은 청년에게 자신들의 많은 지혜들을 나눠주셨다. 지점장님들의 조언과 그간의 내 경험들을 살려 면접까지 보았다. 그 간절함이 통한 걸까. 최고령 지원자였지만, 나는 그 기업에 최종 합격했다.

커뮤니티를 통해 꿈을 꾸다

두 번째 입사한 회사는 카드사였는데, 이전 회사만큼 연봉도 높았고 워라밸 또한 좋았기에 마음의 안정감이 컸다. 하지만 루틴하고 프로세스가 많은 업무가 생각만큼 적성에 잘 맞지 않았다. 특히 엑셀이나 PPT등 다양한 문서 작업을 잘 하는 동료들과 비교하며 부족함을 느끼기도 했다.

회사에서 좋은 분들도 많이 만났고 상당히 안정된 삶이 보장되었지만 내 미래에 대한 불안감은 계속됐다. '이 길이 맞을까?', '이렇게 나이 들어가면 후회하지 않을까?' 특히, 꼭 내가 아니어도 되는 업무에 대해 몰입이 안 되었다. 나는 변화가 많고 창의적인 일을 좋아했지만, 금융업 특성상 회사에서 그런 역할은 많지 않았다. 이런 답답한 마음속에서 나의 유일한 해방구는 바로 커뮤니티였다.

커뮤니티에서는 자신만의 길을 개척하는 사람들을 많이 만날 수 있었다. 유튜브에서 매력을 발산하는 크리에이터, 세상에 유익한 가치를 만들어 내는 사업가, 자신이 쌓은 지식을 블로그에 기록하는 직장인 등 커뮤니티에는 재미있는 스토리를 가진 사람들이 많았다. 빠르게 변하는 세상 속에서 자신만의 방식으로 살아가는 커뮤니티 사람들의 삶은 너무도 매력적이었다.

무엇보다 커뮤니티에서는 나와 같은 고민을 지닌 사람들과 솔직하게 이야기를 나눌 수 있었다. 유튜브, 사업 등 목표가 뚜렷한 사람들의 열정에 감화되는 순간이 많았다. 생각보다 많은 사람들이 자신이 좋아하는 일을 업으로 삼기를 원했고, 치열하게 고민하며 살아가고 있었다. 그런 사람들을 만나면서 나도 더 나은 삶을 고민하고, 실천할 용기를 얻었다.

또한, 회사처럼 눈치를 보거나 경쟁할 필요가 없다는 점도 커뮤니티의 장점이었다. 여기서는 상사의 평가나 승진, KPI 이야기가 아닌 각자의 꿈이 대화의 중심이 된다. 다양한 배경과 경험을 가진 사람들이 느슨한 연대로 모여 서로를 응원했다. 우리는 한정된 자리를 두고 경쟁하는 상대가 아니라, 함께 꿈을 꾸는 동료였기 때문이다.

나는 6년간 운영해왔던 독서 커뮤니티 덕분에 안정된 회사를 퇴사할 용기를 낼 수 있었고, 여러 커뮤니티에서 만난 사람들의 도움으로 원하는 사업을 하며 일상을 보내고 있다. 이 책을 통해 커뮤니티의 좋은 점들이 많이 알려졌으면 좋겠고, 커뮤니티 운영 노하우를 많은 분들이 얻어갔으면 좋겠다.

이제는 옛 친구보다 커뮤니티 동료가 더 좋다

이제는 취향이다

과거에는 혈연, 지연, 학연이 인간관계를 결정하는 중요한 요소였다. 어떤 가족과 함께 자랐고, 어떤 지역에서 살았으며, 그 지역의 교육 수준이 학연에 영향을 미쳤다. 하지만 이제는 취향이 더 큰 연결고리가 되고 있다.

같은 대학을 나오고 같은 전공을 했다고 해도, 직업이 다르면 공감대를 형성하기 어렵다. 게다가 같은 업에 종사한다고 해도 취향이 다르면 대화가 깊어지기 힘들다. 예를 들어, 같은 직장에서 일한다고 해서 모든 동료와 잘 통하는 것은 아니다. 하지만 주식을 좋아하는 사람들끼리는 불꽃 튀는 대화를 나누고, 부동산에 관심 있는 사람들끼리의 점심시간은 짧게 느껴진다. 반면, 한 사람은 승진을 목표로 달리는데, 다른 한 사람은 빠르게 퇴사해 자신만의 일을 시작하고 싶다면 둘 사이에는 자연스럽게 거리감이 생긴다. 결국, 가치관과 취향이 다르면 혈연, 지연, 학연, 그리고 직장 내 인연으로 얽혀 있어도 깊은 공감을 하기 어렵다. 이제는 과거보다 취향과 가치관이 사람을 연결하는 시대다.

내 미래를 회사에 알리지 말라

우리는 회사에서 가장 많은 시간을 보내며 동료들과 친해진다. 하지만 친하다고 해서 내 사적인 미래 계획까지 공유할 필요는 없다. 예를 들어, 언젠가 사업을 하고 싶다는 말을 회사 사람들에게 하면 어떻게 될까? 시간이 지나면 자연스럽게 퍼지고, 결국 팀장님과 부장님의 귀에도 들어간다. 언젠가 퇴사할 사람에게 좋은 평정을 줄 인사권자는 없다.

재테크나 부업도 마찬가지다. 가장 친한 동료에게 살짝 얘기했다가는 며칠 뒤 회사 전체가 알게 될 확률이 높다. 회사에는 비밀이 없다. 나는 유튜브를 취미로 시작했을 때, 제대로 성장하지도 않았는데 회사 사람들이 많이 알게 되었다. 몇몇 분들이 "유튜브 잘 보고 있다! 잘 하던데?"라며 말을 걸어올 때마다 부담스러운 게 사실이었다. 회사 사람들이 내 사적인 영역을 들여다보는 기분이었다. 주식이나 코인으로 돈을 많이 벌어서 소문이 났다면 차라리 억울하지라도 않았을 것이다. 결국, 상황마다 다르긴 하겠지만 내 먼 미래를 회사에 굳이 알릴 필요는 없다. 회사는 '일하는 공간'일 뿐, 내 사적인 꿈과 계획까지 공유해야 하는 곳은 아니다.

상황이 비슷해야 친해진다

이 책을 읽는 독자 중 아직 결혼하지 않은 사람이 있다면, 결혼하고 아이를 낳은 친구와 자연스럽게 멀어진 경험이 있을 것이다. 관심사가 달라지기 때문이다. 한쪽은 자녀 교육비와 학군을 고민하고, 다른 한쪽은 또다시 잘되지 않은 소개팅 이야기를 한다면, 두 사람이 가까워지기는 어렵다. 물론 처음 몇 번은 서로의 이야기에 호기심을 가질 수 있다. 하지만 공감의 정도는 점점 줄어들 수밖에 없다. 은퇴를 앞두고 새로운 시작을 고민하는 부장님과, 현재 부서에서 자리 잡으려고 안간힘 쓰는 신입사원은 서로의 고민을 쉽게 이해하기 어렵다. 세금 걱정에 집을 한 채 팔아야 할지 고려하고 있는 사람과 서울집 한 채 장만하는 게 꿈인 사람도 마찬가지로 서로의 부동산 고민을 털어 놓기 힘들다. 이렇게 상황이 다르면 대화는 오갈 수 있어도, 서로를 깊이 이해하기는 어렵다.

느슨하지만 강력한 연대

그래서 커뮤니티 동료가 옛 친구나 직장 동료보다 더 편하고 쉽게 가까워질 수 있다. 취향과 관심사가 기반이 되기에 서로에 대한 이해가 깊고, 대화가 재미있다. 예를 들어, '사업'이라는 공통된 목적이 있다면 몇 시간이고 카페에서 이야기를 나눌 수 있다. 협력해야 하는 관계라면 주말이든 저녁이든 시간이 문제가 되지 않는다. 그리고 결정적인 순간이 있다.

"어? 어떻게 이렇게 나랑 생각이 비슷하지?"

라는 생각이 드는 순간, 마음의 거리는 매우 가까워진다.

직장에서 속 깊은 이야기를 나누면 소문이 퍼져 불편한 상황이 생길 수 있다. 하지만 커뮤니티에서는 내 꿈을 자유롭게 이야기하고 존중받을 수 있다. 내 꿈을 말했을 때 거리가 느껴지는 사람이 있는 반면, 그 꿈에 한 발짝 다가가게 해주는 사람이 있다. 두 관계에서 느끼는 마음의 무게는 다를 수밖에 없다.

노자는《도덕경》에서 말했다.

"柔弱勝剛強(유약승강강): 부드럽고 약한 것이 단단하고 강한 것을 이긴다."

커뮤니티는 혈연, 지연, 학연과 같은 전통적인 관계처럼 강한 결속력을 가지지는 않는다. 그러나 느슨하지만 유연한 연결이야말로 진정한 연대의 힘을 만들어낸다. 변화하는 시대 속에서 서로를 지탱하는 새로운 방식, 그것이 바로 커뮤니티다.

트레바리 vs 넷플연가

커뮤니티 플랫폼의 등장

'커뮤니티'란 원래 출신 지역(지연)과 같은 자연스러운 인연으로 형성된 공동체를 의미한다. 전통적인 커뮤니티는 이런 지연뿐 아니라 학연, 혈연, 직장내 인연까지 포함된다. 하지만 이러한 관계망만으로는 '나답게 살고 싶은 욕구', '나와 더 잘 맞는 사람을 만나고 싶은 욕구'를 충족시키기 어렵다. 이런 한계를 극복하기 위해 새로운 형태의 커뮤니티들이 등장하고 있다.

이제는 지인을 벗어나, 다양한 온라인 플랫폼을 통해 낯선 사람들과도 쉽게 커뮤니티를 형성할 수 있게 되었다. '플랫폼'이란 원래 기차역에서 승하차하는 장소를 뜻했지만, 지금은 사람들이 모여 상호작용할 수 있도록 돕는 시스템이나 환경을 의미하기도 한다. 즉, 커뮤니티 플랫폼이란 사람들이 모여 관계를 맺고, 지속적으로 교류할 수 있도록 지원하는 공간이다. 이번 장과 다음 장에서는 이러한 커뮤니티 플랫폼들이 어떻게 작동하는지, 그리고 어떤 방식으로 개인과 사회에 영향을 미치는지 살펴보려 한다.

프리미엄 커뮤니티의 선두주자, 트레바리

트레바리는 국내 최초로 독서 모임을 사업화하고 커뮤니티로 발전시킨 대표적인 플랫폼이다. 소프트뱅크벤처스, 패스트인베스트먼트, 알토스벤처스 등 벤처캐피탈로부터 누적 투자액 90억 원을 받은 기업으로, '세상을 더 지적으로, 사람들을 더 친하게'라는 모토를 지향한다. 이 플랫폼의 가장 큰 특징은 각 분야에서 뛰어난 커리어를 가진 인물들을 클럽장(모임 리더)으로 초대한다는 점이다. 경영, 경제, 인문, 사회, 과학, 문화, 예술 등 다양한 분야의 전문가들과 함께하는 모임을 통해 지적인 교류를 원하는 사람들의 니즈를 충족시킨다.

모임은 4개월간 운영되며, 한 달에 한 번 만남을 갖는다. 클럽장이 있는 모임은 30만 원대, 클럽장 없이 파트너가 운영하는 '함께 만들어가는 콘셉트'의 모임은 20만 원대로 형성되어 있다. 참여층은 다양하지만, 주로 30대 이상의 직장인, 창업가, 전문직 종사자들이 핵심 고객층을 이루고 있다.

트레바리가 높은 가격대인 이유는 두 가지로 볼 수 있다.

첫째, 유명인을 클럽장으로 초청해 멤버들이 4개월 동안 직접 교류할 수 있는 기회를 제공한다는 점이다. 이 과정에서 클럽장에게 제공되는 소정의 보수뿐만 아니라, 프리미엄 네트워킹의 가치가 반영되어 있다.

둘째, 운영 비용이 높다. 트레바리는 강남, 안국 등 핵심 상권에 위치한 공간을 운영하며, 높은 임대료를 감당해야 한다. 또한, 퀄리티 높은 운영을 위해 상당한 인건비가 투입되고 있다. 최근 3년간(2021~2023년) 영업 적자 폭은 줄어들고 있지만, 여전히 수익성을 확보하는 데 고민이 많을 것으로 보인다. 이는 커뮤니티 비즈니스가 단순한 회원 모집을 넘어, 지속 가능한 운영 구조를 만드는 것이 쉽지 않다는 점을 보여준다. 트레바리는 '지적인 커뮤니티의 프리미엄화'라는 차별화된 전략을 통해 지속적인 성장을 도모하고 있다.

트레바리가 잘 되는 이유

트레바리가 성공한 첫 번째 이유는 30만 원대의 참가비를 내면, 평소 만나고 싶었던 멘토와 직접 대화를 나눌 수 있다는 점이다. 일반적인 강연에서는 지식이 일방적으로 전달되며, 강연이 끝나면 연사와 참가자 간의 관계가 지속되기 어렵다. 참가자가 많아 개인적인 대화가 어렵고, 보통은 "강연 잘 들었습니다" 정도의 짧은 인사가 전부일 것이다.

반면, 트레바리는 4개월 동안 총 4번의 만남을 통해 관계를 형성할 기회를 제공한다. 이를 통해 단순한 지식 습득을 넘어, 참가자와 클럽장 간의 지속적인 교류가 가능하다. 이러한 환경은 네트워킹을 원하는 사람들에게 차별화된 가치를 제공한다.

트레바리가 성공한 두 번째 이유는 비슷한 경제적 수준과 취향을 가진 사람들을 자연스럽게 연결한다는 점이다. 사람들은 본능적으로 자신과 비슷한 배경과 관심사를 공유하는 사람들과 잘 어울린다. 트레바리는 상대적으로 높은 참가비와 취향 기반의 독서 모임이라는 조건을 설정함으로써, 비슷한 성향의 사람들로 구성된 커뮤니티를 형성한다.

특히, 30대 직장인이나 전문직 종사자들이 주된 고객층을 이루고 있으며, 이는 자연스럽게 연애의 기회로도 이어진다. 트레바리에서 만난 커플들이 결혼하는 사례가 늘어나면서, '듀오바리'라는 별칭이 붙기도 했다. 초저출산 시대에 이러한 건강한 만남이 이루어지는 것은 오히려 긍정적인 현상이라 볼 수 있다. '님도 보고 뽕도 딴다'라는 속담처럼, 지적 성장과 인간관계를 동시에 얻을 수 있는 구조가 트레바리의 매력 중 하나다.

트레바리의 한계와 커뮤니티의 도전 과제

물론, 트레바리에 대한 비판적인 시각도 존재한다. 가장 많이 거론되는 단점은 높은 가격이다.

"책도 내가 사고, 책 읽는 노력도 내가 하는데, 왜 참가비까지 내야 하지?"

"대관비와 운영비를 감안해도 참가비가 너무 높은 것 같다."

이처럼 비용 대비 만족도가 개인마다 다를 수 있다는 점은 커뮤니티 비즈니스의 숙제다.

또한, 참가자 구성에 대한 불만도 있을 수 있다.

"좋은 인맥을 쌓을 수 있을 거라 기대했는데, 생각보다 기대에 못 미쳤다."

"이 모임에서 큰 인사이트를 얻을 줄 알았는데, 그렇지 않았다."

사람마다 기대하는 바가 다르기 때문에, 균일한 만족도를 유지하는 것이 어렵다는 점은 커뮤니티 플랫폼의 공통적인 한계다. 그러나 이러한 예측 불가능성이 커뮤니티의 매력이기도 하다.

그럼에도 불구하고, 트레바리는 꾸준한 신규 고객 유입과 충성 고객의 재참여율을 유지하고 있다. 이는 결국 시장에서 지속적으로 가치를 제공하고 있다는 증거다. 무엇보다 트레바리는 우리나라에서 커뮤니티 비즈니스와 독서 문화를 정착시키는 데 큰 기여를 했다는 점에서 의미가 크다.

앞으로 트레바리는 어떤 방향으로 성장할까? 단순한 독

서 모임을 넘어, 더 다양한 형태의 커뮤니티 플랫폼으로 확장할 가능성도 충분하다. 트레바리의 다음 행보가 궁금해진다.

패스트 팔로워, 넷플연가

퍼스트 무버(First mover)가 새로운 시장을 개척하는 선두주자라면, 패스트 팔로워(Fast follower)는 이를 벤치마킹해 자신만의 방식으로 시장에 진입하는 전략을 의미한다. 독서 커뮤니티의 퍼스트 무버가 트레바리라면, 취향 기반 커뮤니티의 대표적인 패스트 팔로워는 넷플연가다.

트레바리는 윤수영 대표가 2015년 론칭한 커뮤니티 플랫폼이며, 넷플연가는 전희재 대표가 2019년 '넷플릭스를 보는 날엔 연희동에 가야 한다'라는 캐치프레이즈로 시작된 커뮤니티다. 넷플연가는 현재까지 14억 원 규모의 프리 시리즈 A 투자를 유치하며 빠르게 성장하고 있다.

두 플랫폼의 공통점은 모임장을 직접 선발하고, 고객 모집을 위한 마케팅을 적극 지원한다는 점이다. 그러나 이러한 방식은 인력 투입과 마케팅 비용, 공간 임대료 등 높은 고정비를 수반하기 때문에 참가비가 상대적으로 높게 책정된다. 넷플연가는 3개월간 4번의 모임을 운영하며, 참가비는 20만 원대로 형성되어 있다.

트레바리 vs. 넷플연가 : 운영 전략의 차이

트레바리와 넷플연가는 모임장 선정 방식, 주제의 다양성, 운영 전략에서 차별화된 접근을 취하고 있다.

① 모임장 선정 방식

- **트레바리** : 특정 분야에서 전문성이 뛰어난 유명 인사를 클럽장(모임 리더)으로 섭외
- **넷플연가** : 주제의 흥미로움과 모임장의 매력을 평가하여 면접을 통해 선발

② 주제의 다양성

- **트레바리** : 독서를 기반으로 한 경영, 경제, 인문, 과학, 예술 등 전통적인 지식 중심의 모임이 많음
- **넷플연가** : 취향 기반 모임으로, 영화, 음악, 요리, 와인, 연애, 보드게임, 연애, 타로 등 더 세분화된 주제를 다룸

③ 운영 방식과 가격 전략

- **트레바리** : 전용 공간을 운영하며 고급화 전략을 추구. 참가비는 2~30만 원대이며, 책을 읽고 반드시 독후감을 제출해야 하는 규칙이 있음
- **넷플연가** : 전용 공간을 두지 않고 임대 공간을 활용하여 고정비를 낮춤. 참가비는 20만 원대이며, 독후감 제출 등의 의무는 없음. 트레바리보다 캐주얼한 분위기로, 20~30대 젊은 층의 참여율이 높음

경쟁 속에서 서로 발전하는 두 플랫폼

넷플연가는 운영 방식에서 트레바리의 장점을 많이 차용했다. 예를 들어, 4번의 정기 모임을 진행하는 점, 모임장을 직접 선발하여 운영 퀄리티를 유지하는 점, 놀러가기 쿠폰(타 모임 참여 기회 제공) 등의 시스템은 트레바리와 유사하다.

반대로, 넷플연가의 등장 이후 트레바리도 변화하고 있다. 과거에는 정기 모임 중심이었다면, 이제는 일일 커뮤니티 이벤트를 늘리는 등 새로운 운영방식을 계속적으로 실험하고 있다.

트레바리는 '깊이 있는 지적 교류' 라는 프리미엄 전략을,

넷플연가는 '취향을 나누는 커뮤니티'라는 대중화 전략을 추구한다고 볼 수 있다. 두 플랫폼이 지속적으로 수익을 창출하고, 더 많은 사람들에게 의미 있는 경험을 제공할 수 있을까? 커뮤니티 비즈니스의 성패는 결국 '얼마나 지속적으로 가치를 창출할 수 있는가'에 달려 있다. 앞으로 이들이 어떤 전략으로 성장해 나갈지 더욱 흥미로워진다.

커뮤니티 플랫폼 춘추전국시대

취미부터 지역까지, 커뮤니티 플랫폼의 진화

앞서 살펴보았던 트레바리와 넷플연가는 서울 기반 플랫폼인 반면, 전국적인 유저 기반의 커뮤니티 플랫폼들도 있다. 대표적인 취미 기반 커뮤니티 플랫폼으로는 프립, 문토, 소모임이 있으며, 지역 기반 커뮤니티로 당근이 떠오르고 있다. 이들은 각기 다른 방식으로 사람들을 연결하며, 운영 방식과 특징에서 차이를 보인다.

① No.1 마이크로 매니징 플랫폼, 프립

프립은 "세상 모든 경험의 시작"이라는 모토 아래, 취미·여가 중심의 체험형 콘텐츠를 제공하는 플랫폼이다.

- **규모** : 2022년 기준 누적 투자금 180억 원, 회원 수 120만 명, 호스트 2만 명, 50만 다운로드 앱
- **콘텐츠** : 아웃도어 활동, 스포츠, 와인 모임, 원데이 클래스 등 체험형 콘텐츠 중심
- **운영 방식** : 누구나 모임을 개설할 수 있으나 플랫폼의 승인이 필요하며, 평점이 높은 콘텐츠가 상위 노출됨

② 취향 기반 커뮤니티 플랫폼의 강자, 문토

문토는 취향과 관심사를 중심으로 모임을 형성하는 커뮤니티 플랫폼이다.

- **규모** : 2023년 기준 누적 투자금 72억 원 유치, 50만 다운로드 앱
- **콘텐츠** : 문화예술, 액티비티, 취미, 와인 모임, 자기계발 등 다양한 주제
- **운영 방식** : 누구나 모임을 개설할 수 있지만, 초반에 노출이 쉽지 않다는 단점. 프립과 달리 승인 절차는 필요 없음

③ 커뮤니티 앱의 선두주자, 소모임

소모임은 2012년부터 지역 기반의 취미 모임을 중개해 온 플랫폼으로, 누구나 앱 하나로 손쉽게 모임을 개설하고 참여할 수 있도록 만든 초창기 커뮤니티 앱이다.

- **규모** : 500만 다운로드 기록
- **콘텐츠** : 아웃도어 활동, 스포츠, 자기계발, 문화예술 등 매우 다양한 주제
- **운영 방식** : 클릭 몇 번으로 모임 개설 가능, 플랫폼에서 모임을 직접 관리하지 않음 → 운영자의 자율성이 높음

④ 커뮤니티계의 공룡 플랫폼, 당근

취미 기반 커뮤니티가 전국적으로 확산되는 동안, 이웃과의 연결을 강화하는 동네 기반 커뮤니티 플랫폼도 빠르게 성장하고 있다. 그 대표적인 사례가 바로 당근(구 당근마켓)이다.

- **2023년 기준 성적표** :
  - 매출 1,276억 원
  - 영업이익 173억 원 (첫 흑자 전환)

- 누적 가입자 수 3,600만 명

- **연령층 확장** : 기존 커뮤니티 플랫폼이 주로 20~30대 중심이라면, 당근은 40~50대까지 포함하는 넓은 연령층이 활용

당근의 원래 사명은 '당신 근처의 마켓'이라는 의미의 '당근마켓' 이었지만, 2023년 당근으로 사명을 변경했다. 이는 기존의 중고 거래 기능을 넘어, 동네 커뮤니티 역할을 강화하려는 의도를 담고 있다. 당근은 높은 브랜드 신뢰도를 바탕으로, 지역 기반 커뮤니티의 대표적인 사례가 될 것으로 보인다.

〈커뮤니티 플랫폼 차이점 한눈에 보기〉

구분	프립 (Frip)	문토 (Munto)	소모임 (Somoim)	당근 (Daangn)
핵심 콘셉트	체험형 취미·여가 플랫폼	취향 기반 소셜 커뮤니티	지역 기반 취미 모임 플랫폼	지역 기반 커뮤니티 플랫폼
콘텐츠	스포츠, 여행, 원데이 클래스	문화예술, 자기계발, 네트워킹	아웃도어, 스포츠, 자기계발	중고거래, 동네기반 소셜 기능
모임 형태	단기 프로그램	단기 & 정기 모임	자유 개설, 제한 없음	자유 개설, 제한 없음
운영방식	플랫폼 승인 필요	플랫폼 승인 필요 없음	플랫폼 승인 필요 없음	플랫폼 승인 필요 없음
결제 수수료 정책	결제 수수료 호스트에게 부과	결제 수수료 호스트에게 부과	결제 방식 없음	결제 방식 없음 (커뮤니티 한)

커뮤니티 플랫폼, 어떻게 활용할 것인가?

프립은 모임 개설 시 플랫폼의 승인이 필요하기 때문에, 일정 수준의 퀄리티가 유지된다고 볼 수 있다. 반면, 문토는 플랫폼이 직접 모임을 승인하진 않지만, 평점이 높은 모임이 더 많은 노출을 받는 알고리즘을 적용해 자연스럽게 퀄리티 경쟁이 이루어지는 방식이다. 소모임과 당근은 별도의 결제 기능 없이 유저를 연결하는 역할에 집중하며, 운영의 책임이 개설자 개인에게 크게 의존한다.

국내 커뮤니티 플랫폼들은 각자의 방식으로 사람들을 연결하며 지속적으로 진화하고 있다. 이러한 특성을 이해하고 참여하면, 나에게 더 맞는 사람들을 만나며 만족스러운 여가 생활을 즐길 수 있다. 또한, 새로운 커뮤니티를 만들고 싶은 사람이라면, 각 플랫폼의 특성과 운영 방식을 고려해 자신에게 적합한 채널을 선택하는 것이 중요하다.

누구나 쉽게 커뮤니티 리더가 될 수 있다

커뮤니티는 마음 편한 게 최고다

커뮤니티는 앞서 설명한 플랫폼 내 커뮤니티 말고도 정말 무수히 많다. 특히 비공개로 유지되는 커뮤니티들도 많은데, 그런 곳은 지인의 소개가 아니면 알기도 어렵고 들어가기도 어렵다. 그리고 어렵게 찾더라도 모임에서 나를 받아주지 않을 수도 있고, 들어가더라도 나의 성향에 맞지 않는다면 결국 중도에 나오게 될 가능성이 크다.

아무리 성공한 사업가들이 모여 있고, 내가 만나고 싶은 인플루언서들이 많은 모임이라도, 그들과 대화가 통하지 않거나 그들이 나에게 호감을 느끼지 못한다면 그 자리는 금세 불편해진다. 결국, 아무리 대단한 사람들이 모여 있어도 내 마음이 편해야 한다.

한 후배가 기억에 남는 말을 한 적이 있다.

"오빠, 왠지 그들과 함께 있으면 불편하고 이질감이 들어요."

이후 그녀는 오너 2세 모임에 나가지 않는다. 어쩌면 당연한 일이다. 일반 직장인이 오너 2세 모임에 나가면 돈 씀씀이부터 차이가 난다. 한두 번 정도야 감당할 수 있지만, 지속적으로 함께하기엔 버겁다. 게다가 그들의 대화에 자연스럽게 섞이지 못하면 소외감을 느낄 수 있다. 물론, 그 모임에서 평생 친구를 사귈 수도 있고, 좋은 사업 아이디어나 유용한 정보를 얻을 수도 있다. 하지만 결국 사람을 사귀는 데 있어 가장 중요한 것은 '편안한 마음'이다. 어떤 사람들은 누구와도 편하게 대화할 수 있지만, 나는 나와 너무 거리감이 드는 사람과는 지속적인 관계를 유지하지 않는다. 어차피 짧은 인생, 마음 편한 관계가 가장 좋은 법이다.

그렇다고 해서 사람과의 관계가 꼭 경제적인 요인에 의해서만 맺어지는 것은 아니다.

프랑스 사회학자 부르디외는 인맥, 교육, 관계 맺는 방식, 미적 감각, 언변 능력, 좋은 목소리 톤, 당당한 자세, 낙관주의, 안정적인 정신 등을 '자본'의 일부로 보고, 이를 함축하는 개념으로 '아비투스'라는 개념을 제창한 바 있다.

도리스 메르틴 작가는 이 개념을 더욱 대중적으로 확장하여 저서 《아비투스》에서 사람의 품격을 결정하는 7가지 자본으로 '심리, 문화, 지식, 경제, 신체, 언어, 사회'를 꼽았다. 이에 따르면, 경제 자본은 여러 가지 자본 중 일부일 뿐이다. 돈이 많아도 심리적으로 불안정할 수 있고, 건강이 안 좋을 수도 있다. 이 책을 읽는 독자들도 단순히 돈 많은 친구들과만 관계를 맺지 않을 것이다.

- 힘들 때 위로와 용기를 주는 친구
- 함께 있으면 재미있는 친구
- 취향을 존중해주고 공감해주는 친구

이런 사람과 같이 있으면 기분이 좋아진다. 결이 맞는 사람들과 커뮤니티를 함께하자. 그러면 우리의 삶은 좀 더 풍요로워질 것이다.

좋은 커뮤니티 찾는 방법

검증되지 않은 커뮤니티를 여러 번 방문하다 보면, 커뮤니티에 대한 회의감이 들 수 있다. 그래서 좋은 커뮤니티를 찾는 방법을 몇 가지 소개한다.

① 나와 비슷한 성향의 친구가 만족하는 모임에 가보자

내가 가깝게 지내는 지인이 만족하는 커뮤니티라면, 나도 만족할 확률이 상대적으로 높다. 신뢰할 수 있는 친구가 추천한다면 용기를 내보자.

② 후기가 좋은 커뮤니티에 참여해보자

커뮤니티가 처음이라면 앞서 언급한 플랫폼들에서 평가가 좋은 모임을 선택하는 방법도 있다. 하지만 후기가 좋다고 해서 나에게 꼭 맞는 것은 아니므로, 후기는 참고 정도만 하자.

③ '나에게 맞는 커뮤니티는 많지 않다'라는 사실을 받아들이자

'나'는 세상에 유일한 존재다. 그리고 매년 상황이 변하고, 성장하면서 관심사도 달라진다. 나와 완벽하게 맞는 커뮤니티를 찾는 것은 원래 쉽지 않다. 하지만 이 현실을 받아들이기 어렵고, 반드시 좋은 커뮤니티에 속하고 싶다면 내가 직접 커뮤니티를 만드는 것도 방법이다.

사람을 모으는 방법

커뮤니티를 만든다고 하면 가장 쉬운 것은 일단 내 주변의 친구들부터 시작하는 것이다. 친구들은 나에 대해서 잘 알고 있으니 "이 콘텐츠로 모임 할래?"라고 하면 일단 모이는 사람이 3~4명은 있을 것이다. 왜냐면 친구들은 나에 대한 신뢰가 기본적으로 깔려있기 때문이다. 내가 어떤 사람인지 증명하지 않아도 "이 친구는 믿을 만하니까", "얘는 이걸 참 좋아하지", "얘가 운영하면 잘하겠다"라고 생각하니 쉽게 모을 수 있다. 하지만 내가 무언가 친구에게 하자고 권유했는데 단 한 명도 모이지 않는다면 내 인생을 되돌아 볼 필요가 있다. 나는 정말 무언가에 진심으로 몰입한 게 없었나? 생각해봐도 좋다. 아니면 모임의 '콘텐츠'가 흥미롭지 않은 주제일 수도 있으니 너무 좌절은 하지 말자.

친구들부터 시작하면 시작은 쉬울 수 있지만, 유지가 어려운 점도 있다. 일단 서로 너무 편하니 만나다가 흐지부지

되는 경우도 많다. 이럴 땐 회비를 걷고 서로 약속하는 것이 좋다. 사람은 무언가 잃는 것을 싫어하고, 잃지 않기 위해 더 열심히 노력하는 '손실 회피 성향'이 있기 때문에 돈을 내면 책임감을 가지게 되어있다. 하지만 주변 친구가 내가 커뮤니티를 운영하는 것을 아는 것이 불편하다면, 커뮤니티 플랫폼들을 이용해 낯선 사람들을 모집하는 것도 좋은 방법이다. 이런 경우 지인들과 모임 하는 것보다 더 긴장된 마음으로 준비하게 될 것이고, 낯선 사람과 조우하기 때문에 설레는 마음으로 운영하게 될 수 있다. 유튜브, 블로그, 인스타, 스레드에 어느 정도 팔로워가 있다면 이런 SNS채널을 이용해 커뮤니티 인원을 모집할 수도 있다. 플랫폼을 통해 모집하게 되는 것은 순수하게 나와 내 콘텐츠의 매력도에 끌려오는 것이기 때문에 시장성을 확인하기에도 좋다.

사람들이 안 모인다면 나에 대한 인지도를 높이거나, 콘텐츠의 매력도를 높이는 방법을 고민해봐야 한다. 유명 인플루언서만이 커뮤니티를 만드는 것은 절대 아니다. 나는 어떤 사람이고, 어떤 스토리를 쌓아왔고, 이 콘텐츠를 얼마나 좋아하는지 진정성을 보일 수 있다면 얼마든지 플랫폼들을 통해 사람들을 모을 수 있다. 사람을 모으는 힘은 나의 매력과 콘텐츠에 대한 진정성이다.

모든 시작은 작다

작게 시작하더라도, 남과 비교하지 말자. 시작이 작다는 이유로 부끄러워한다면, 그 어떤 것도 시작할 수 없다. "그거 한다고 뭐 인생이 달라지겠어?"라며 나의 도전을 가볍게 여기거나 의욕을 꺾으려는 사람이 있다면 거리를 둬도 괜찮다. 커뮤니티를 만들고 운영하는 과정이 즐겁다면, 그 에너지는 자연스럽게 참여자들에게 전달된다. 그러면 3명이 5명이 되고, 5명이 10명이 되고, 어느새 20~30명이 될 것이다.

물론, 당장 돈이 되지 않는다. 앞으로도 돈이 되지 않을 수 있다. 오히려 돈을 더 쓰게 될 날들이 많을 수 있다. 그래서 중요한 것은 모임을 열게 된 목적과 콘텐츠에 대한 애정이다. 목적이 흔들리지 않으면 돈이 되든 안 되든 상관없이 오랫동안 운영할 수 있다.

나는 현재 100명이 넘는 '자유와 성장 독서 모임'이라는 자기계발 커뮤니티를 6년째 운영 중이다. 광고를 전혀 하지 않고, 지인의 소개로만 들어올 수 있는 모임이다. 모임 구성원분들의 만족도도 매우 높고 굉장히 끈끈하며 서로 도우려는 기버(Giver)들의 모임이다. 식당이 잘되면 2호점, 3호점으로 확장하는 시도를 많이 한다. 내가 요식업을 했다면 아마 그런 프랜차이즈화를 선택했을 것이다. 하지만 독서 모임으로 트레바리 같은 플랫폼을 만들고 싶지 않다. 아니, '않다'가 아니라 '못'인지도 모르겠다.

100명 넘는 커뮤니티를 운영해보니, 나는 규모가 아닌, 관계의 깊이를 더 소중하게 여기는 사람이라는 걸 깨달았다. 하나의 모임에서 깊은 관계로 뻗어가는 모습을 가까이서 지켜보는 게 더 좋다. 여러분이 만들게 될 커뮤니티가 반드시 규모가 커야 할 필요는 없다. 운영하는 나와, 함께하는 구성원들이 행복하다면, 그게 최고의 모임이다. 서로를 돕는 끈끈한 커뮤니티들이 많아져서 사회가 좀 더 건강해지길 기대해 본다.

2장

커뮤니티는
우리에게
어떤 도움이 되는가?

대학원도 직장인에게 좋은 커뮤니티다

전통적인 커뮤니티인 학연 중에서 직장인이 스스로 선택할 수 있는 것이 하나 있는데 그것은 바로 '대학원'이다. 대학원에 진학하려고 하는 직장인들은 대개 커리어 발전을 목표로 하거나, 학문적 열정이 있거나, 네트워크를 원하거나, 개인적인 성취나 자기계발 등이 목적이다. 난 직장생활을 하면서 고려대 MBA에서 경영학 석사학위를 취득한 케이스인데, 내가 인생에서 잘 선택한 커리어 중 하나라고 생각한다. MBA가 좋았던 점은 나와 비슷한 생각과 가치관을 가진 사람들이 많다는 것이다. 회사에 다니며 안주하지 않고 더 성장하고 싶은 사람들, 경영학에 대해 더 공부해보고 싶은 열정 있는 사람들을 많이 만날 수 있었다.

직장인에게 대학원이 좋은 이유

직장생활은 업무가 갑작스럽게 바뀌거나, 큰 프로젝트를 맡거나, 또는 이직이나 창업을 하지 않는 이상 일상에 큰 변화가 있진 않다. 이런 안정감을 선호하는 사람들도 있으나 나처럼 변화를 좋아하는 사람들은 대학원이 괜찮은 선택지가 될 수 있다. 변화가 없는 일상 속에서 나와 다른 업계 사람들을 만나는 경험은 세상을 보는 새로운 관점을 갖게 해준다.

또한, 외부의 시선에서 나라는 사람과 내가 속한 업을 바라볼 수 있는 객관적인 시선을 얻게 된다. 나는 대기업 공채로 두 번의 회사를 경험했는데, 두 회사 모두 한번 들어가면 이직을 다들 잘 안 하는 고용이 안정된 회사였다. 두 곳에서 근무해보니 나라는 사람은 역동적인 변화를 좇는 사람들의 이야기를 좋아하고 동경한다는 것을 깨달았다.

이를테면, 창업을 하거나, 대기업에 있다가 스타트업으로 이직하거나, 재미있는 부업을 한다거나, 책이나 SNS를 통해 퍼스널 브랜딩을 하는 등 남들이 가지 않는 길을 가는 사람들의 이야기가 난 흥미로웠다. 특히 MBA에서는 자신의 본업을 좋아하는 사람들이 많았다. 자기가 하는 일에 애정을 갖고 깊게 파고드는 사람들을 보면서 한편으로는 부러웠고 나도 언젠가는 내가 좋아하는 업을 해야겠다는 생각이 들었다.

이렇듯 일상적이지 않은 낯선 경험은 내가 있어야 할 위치가 어딘지 생각하게 만들어주었고, 사람들의 강렬한 에너지에 영감을 많이 얻었다. 또한 나와 비슷한 나이대 사람들이 도전을 하는 모습을 보고 나도 모르게 용기를 많이 얻었다. 대학원은 같이 꿈꿀 수 있는 동료를 만난다는 점이 참 좋다. 특히 매너리즘을 겪고 있는 직장인이 있다면, 가족과 직장 동료로부터 지지를 받을 수 있다면 도전해보라고 말하고 싶다.

하지만 단점도 있다. 야간 대학원은 직장인들이 퇴근 후 수업을 듣기 때문에 체력적으로 큰 부담이 될 수 있다. 또한, 많은 시간을 투자해야 하므로 가까운 주변 사람들에게 소홀해질 가능성도 크다.

내 경우, 주중에는 직장과 대학원 생활을, 주말에는 유튜브 촬영과 편집을 하느라 정말 죽을 뻔했다. “시간이 대체 언제 가는 거지?”라는 생각을 수없이 했지만, 그렇게 시간은 흘렀다. 그리고 지금은 그 도전에 나섰던 스스로가 대견하다.

왜 고려대 MBA일까?

학부에서 정치외교학을 전공한 이유는 정치가 세상을 이롭게 만든다고 믿었기 때문이다. 올바른 정치와 정책에 대해서 탐구하고 싶었다. 하지만 사회생활을 할수록 세상을 움직이는 본질은 경제와 기업이라는 생각이 들었고, 막연히 석사는 MBA를 해야겠다고 생각했다. 경영학에 대한 갈증이 있었고 경영학적인 관점으로 세상을 바라보고 싶었다.

나는 MBTI가 극 ENFJ다. 그래서 굉장히 감성적인 사고를 많이 하는 편인데, 이성적인 생각으로 내 부족한 점을 채우고 싶었다. MBA 중에서 고려대 MBA를 선택했던 이유는 이곳을 졸업한 선배들이 대부분 만족하고 추천했기 때문이다. 직장을 보더라도 자기 회사를 칭찬하는 경우는 진짜 좋기 때문이다. 그래서 난 별다른 고민 없이 고려대 MBA만 지원했고 만족스럽게 다녔다.

MBA 커리큘럼과 수업에 대한 만족도는 개인마다 다를 수 있다. 하지만 내가 가장 좋았던 것은 원우들(대학원에서는 교우를 '원우'라고 부른다)과의 네트워크였다. 무엇보다 열정이 넘치고, 자신의 일을 사랑하며, 다양한 분야에서 활동하는 사람들이 모여 있다는 점이 매력적이었다. 그리고 마케팅이나 창업에 관심 있는 사람들은 각 직무방에 가입할 수 있는데, 이곳에서는 유명 연사들의 강연을 들을 기회가 많았다.

MBA 내에는 다양한 동아리와 직무방 활동이 있어, 각자의 취향과 목표에 맞는 커뮤니티에 속할 수 있다는 점이 장점이다.

특히 고려대 MBA의 가장 큰 강점은 졸업 후에도 네트워크가 끊기지 않는다는 점이다. 동아리나 직무방에서는 졸업생들도 단체 카톡방에 남아 지속적으로 활동할 수 있어, 해당 분야의 유용한 정보를 꾸준히 얻고 중요한 행사에도 참여할 수 있다는 것이 큰 매력이다.

좋은 사람을 만나고 인연 맺는 방법

대학원 한 학년은 약 200명 정도로 구성되기에, 모든 사람과 친해지는 것은 현실적으로 어렵다. 그러나 관계를 맺는 것보다 더 중요한 것은 유지하는 것이다. 아무리 많은 사람을 알아도 편하게 연락할 수 없다면, 진정한 인간관계라 보기 어렵다. 내가 좋은 인연을 오래 유지하는 방법은 아이러니하게도 '모두와 친해지려 하지 않는 것'이다.

MBA 과정에서는 수많은 명함을 주고받지만, 사람은 한 번에 너무 많은 정보를 받아들이면 오히려 피로감을 느낀다. 그래서 중요한 것이 바로 '선택'과 '집중'이다. 나와 결이 맞고, 더 알아가고 싶은 사람에게 시간을 투자하는 것이 중요하다. 모든 사람과 친해지려 하면, 오히려 소중한 관계를 놓치게 될 수 있다.

아무리 대단한 사람이라도, 가치관이 맞지 않으면 오래 함께하기 어렵다. 나에게 좋은 사람이 진짜 좋은 사람이다. 나는 나를 존중해주고, 내가 존중할 수 있는 사람과만 관계를 맺으려 한다. 시간은 누구에게나 공평하고 유한하기에, 소중한 사람과 보내는 것이 가장 의미 있다고 믿는다. 또한, 모두에게 사랑받으려는 부담을 내려놓으면 마음이 한결 편안해진다. 흥미롭게도, 이런 마음가짐이 오히려 더 많은 사람을 끌어들이는 힘이 되기도 한다.

좋은 인연을 오래 유지하는 또 다른 방법은 나의 꿈을 드러내는 것이다. 내가 어떤 뜻을 가지고 있으며, 무엇을 원하고, 어떻게 살고 싶은지를 진솔하게 이야기하면, 자연스럽게 비슷한 결의 사람들을 만나게 된다.

예를 들어, 나는 사업을 통해 주체적으로 살고 싶고, SNS 활동과 책, 그리고 강연을 통해 내가 알고 있는 것을 나누며 살고 싶다고 자주 이야기한다. 그러면 주변에서 나와 뜻이 맞는 사람을 소개해주거나, 나를 도와줄 사람과 연결해준다. 나 역시 좋은 뜻을 가진 사람에게 필요한 인연을 이어주려 노력한다.

연결은 또 다른 연결을 낳는다. 내가 누군가에게 진심으로 도움을 주면, 그 진심은 반드시 돌아온다. 이런 관계 속에서 인연의 깊이가 더해지고, 평생 갈 사람들을 만날 수 있다.

같은 커뮤니티를 경험해도 이를 200% 활용하는 사람이 있는가 하면, 그렇지 않은 경우도 있다. 결국 모든 것은 자기 자신에게 달려 있다. 사람과의 인연은 매우 소중하며, 모든 기회는 사람에게서 온다. 좋은 인연을 잘 유지해 개인적인 행복과 커리어의 성공을 함께 얻어가길 바란다.

내 삶을 낫게 만드는 커뮤니티

사람들이 커뮤니티에 참여하는 궁극적인 이유는 자신의 삶을 더 나아지게 만들기 위해서다. 나 역시 커뮤니티 덕분에 더 나은 삶을 살게 됐다.

내가 운영하는 주요 사업은 영상 제작업이다. 유튜브가 필요한 업체들을 대상으로 기획, 촬영, 편집 서비스를 제공하고, 기업들의 사내 홍보 영상을 제작하기도 한다. 이 사업은 신뢰가 필수적인 업종이며, 고객이 없다면 성립 자체가 불가능하다. 그런데 내가 '고해남(고민 해결해 주는 남자)'이라는 유튜브 채널을 4년 넘게 운영하면서, 자연스럽게 주변에서 유튜브 제작을 요청하기 시작했다. 변호사, 의사, 세무사, 학원 원장님 등을 도와주다 보니 '이 정도면 사업으로 발전시킬 수 있겠다'는 확신이 들었고, 결국 다니던 회사까지 퇴사하고 도전했다.

퇴사 후, 영상 제작 의뢰가 더욱 늘어났고, 1년 만에 훌륭한 동료들과 함께 영상 제작 회사로 자리 잡을 수 있었다. 이 과정에서 커뮤니티 네트워크의 힘이 절대적이었다. 직장 생활과 병행하며 유튜브를 운영하고, MBA까지 다닌다는 점이 많은 사람들에게 관심을 끌었고, 유튜브에 대해 궁금해하는 사람들이 많았다. 게다가 영상 콘텐츠 시장은 꾸준히 성장하는 분야였기에, 자연스럽게 기회가 찾아왔다.

나는 언젠가 '내 일'을 하고 싶었다. 어떤 업종이 될지는 명확하지 않았지만, 내 것을 하고 싶다는 생각은 확고했다. 물론 정년퇴직 후에도 사업을 시작할 수 있겠지만, 조금이라도 젊을 때 도전하고, 실패하고, 배우고 싶었다. 그리고 이렇게 간절한 도전을 할 수 있었던 것은 결국 커뮤니티 덕분이었다.

결국 기회는 사람으로부터 온다

나에게 이런 사업 기회는 어떻게 주어졌을까? 물론 당연히 운이 좋았다. 좋은 네트워크 안에 속해 있었고, 나를 도와주시는 감사한 분들이 많았다. 하지만 나는 좀 더 현실적으로 '준비된 사람에게 운이 따른다'라고 말하고 싶다.

운처럼 보이는 많은 기회들은 사실 끊임없는 시도와 준비 속에서 자연스럽게 만들어진다. 단순히 운이 좋아서 내게 일이 생긴 게 아니라, 유튜브 채널을 꾸준히 운영하면서 내 능력을 보여줄 기회가 많아졌고, 그 과정에서 나를 필요로 하는 사람들과 연결된 것이다.

내가 아무것도 하지 않은 채 앉아서 기다렸다면, 지금의 내 삶은 존재하지 않았을 것이다. 내가 했던 것은 단순하다. 내가 할 수 있는 일을 꾸준히 했고, 그것을 통해 사람들과 연결되었으며, 기회가 왔을 때 주저하지 않고 잡았을 뿐이다.

이런 경험을 통해 나는 기회는 운이 아니라, 결국 '보이는 곳'에 있어야 온다는 것을 확신하게 됐다. 내가 원하는 분야의 사람들과 함께하고, 내가 더 성장할 수 있는 환경 속에 있어야 자연스럽게 기회가 생긴다.

'고해남' 유튜브 채널을 운영하면서, 자신의 분야에서 확고하게 자리 잡은 분들을 인터뷰 할 수 있는 기회가 많았다. 이 분들은 운이 좋았다는 겸손의 표현들을 많이 하시지만, 그들은 모두 자기만의 방식으로 준비하고 있었고, 행동을 통해 사람과 기회를 끌어당기고 있었다.

그래서 나는 '기회는 사람으로부터 온다' 는 말을 더 깊이 이해하게 되었다. 결국, 내가 어떤 사람들과 어울리는지, 어떤 환경에 있는지가 내 인생의 방향을 결정한다. 단순한 네트워킹이 아니라 내가 도울 수 있고 나 또한 도움 받을 사람들과 깊이 연결되는 것, 그것이 기회를 만들어 내는 가장 중요한 요소라고 생각한다.

그렇다면 이제 남은 질문은 하나다.

나는 어떤 사람들과 연결되고 싶은가? 그리고 그런 사람들을 만날 수 있는 환경 속에 나를 두고 있는가?

독서 모임이 좋은 커뮤니티인 이유

내 삶을 더 나아지게 만들어 줄 커뮤니티를 찾고 있다면, 나는 단연코 독서 모임을 추천한다. 독서 모임에 참여하는 사람들은 책임감과 태도 면에서 다른 커뮤니티보다 더 성숙할 가능성이 높다. 그 이유는 책을 사고, 시간을 들여 읽고,

모임에 참석해 토론하는 이 모든 과정이 결코 쉬운 일이 아니기 때문이다.

이 수고로운 과정을 거쳐 독서 모임에 오는 사람들은 성장을 추구하고, 타인의 생각에 열린 태도를 가지며, 긍정적인 에너지를 지닌 경우가 많다. 게다가 공통의 관심사로 모인 만큼 공감대가 쉽게 형성되고, 자연스럽게 친해진다.

독서 모임이 흥미로운 이유는 다양한 관점을 경험할 수 있다는 점이다. 같은 책을 읽더라도, 사람마다 해석이 다르다. 결국 책은 자신이 살아온 인생으로 읽어내는 것이기 때문이다. 책이라는 매개를 통해 서로의 삶과 관점을 엿볼 수 있고, 한 권의 책이지만 참여자 수만큼 다양한 해석과 통찰을 얻게 된다.

즐겁게 책 이야기를 나누다 보면 어느새 서로를 깊이 이해하게 되고, 자연스럽게 가까워진다. 그렇게 각자의 업과 고민을 공유하다 보면, 서로 도울 수 있는 부분을 찾게 된다. 직접 도움을 주기도 하고, 필요한 사람을 연결해 주기도 한다. 이런 기버(Giver)적인 문화가 흐르는 커뮤니티는 성장할 수밖에 없다.

내가 운영하는 독서 모임은 정기적인 모임뿐만 아니라,

서로의 지식을 특강 형식으로 공유하는 기회도 제공한다. 또한, 아침마다 뉴스, 재테크 정보, 마케팅 트렌드, 동기부여 카드 뉴스 등을 공유하며 함께 성장하는 분위기를 만들어가고 있다. 게다가 취업을 도와주기도 하고, 심지어 소개팅까지 서로 많이 해준다. (나는 많이 못 받아 봤다)

커뮤니티의 본질적인 존재 이유

사람들은 더 나은 삶을 꿈꾸며 좋은 커뮤니티에 속하고자 한다. 하지만 더 나은 삶이 꼭 비즈니스, 이직, 재테크 등 경제적인 성공만을 의미하는 것은 아니다.

인간은 본래 사회적 동물로서 함께 유대하고, 정서적으로 공감받기를 원한다. 자신이 가고자 하는 길이 잘못되지 않았음을 확인받고 싶고, 그 길을 함께 걸어줄 동료가 필요하다. 누군가 단 한 사람이라도 나를 지지해 준다면, 우리는 어떤 어려운 상황에서도 견디고 버틸 수 있다. 커뮤니티는 현대 사회에서 외롭고 고독한 길을 걷는 이들에게 버팀목이 되어주고, 함께 걸어갈 친구를 만들어준다.

운영하는 독서 모임에서 보건 선생님으로 일하는 한 회원이 들려준 이야기가 기억에 남는다. 성격이 온화하고 학생들의 말을 경청해 주는 선생님이었기에, 많은 학생들이 상담을 위해 찾아왔다. 하루는 한 학생이 성적이 좋지 않아 울고 있었고, 선생님은 이렇게 말했다고 한다.

"시험은 네 가치를 결정하지 않아. 너는 그 자체만으로 소중한 존재야."

이 책을 읽고 있는 당신도 마찬가지다.

세상에 단 하나뿐인 소중한 존재이며, 어떤 꿈을 꾸든 그 꿈은 존중받아야 한다. 진정한 가치를 인정받을 커뮤니티를 찾아, 그 안에서 꿈을 키워 나가길 바란다. 만약 아직 그런 모임을 찾지 못했다면, 이 책을 통해 작은 커뮤니티를 만들어갈 용기를 얻길 응원한다.

커뮤니티는 자신에 대한 발견이다

커뮤니티를 통해 성장하는 나

사람을 좋아하고, 구성원의 성장과 연결을 통해 기쁨을 느끼는 사람이라면, 나는 꼭 커뮤니티를 만들어 보라고 권한다. 커뮤니티는 비즈니스적인 이점뿐만 아니라, 그 자체로도 많은 기쁨을 준다.

그중 가장 큰 기쁨은 바로 '나 자신이 가장 많이 성장한다'는 것이다. 커뮤니티를 운영하면서 나는 내 강점이 무엇인지, 어떤 사람들과 잘 맞는지, 내 리더십의 특성이 무엇인지 발견할 수 있었다.

많은 사람들은 리더가 되면 희생이 크고 부담이 따른다고 생각한다. 하지만 근육을 계속 사용하면 커지듯, 리더십도 꾸준히 경험하다 보면 자연스럽게 성장한다. 그리고 더 많은 사람을 품을 수 있는 '마음의 그릇'도 넓어지게 된다.

사람은 누구나 부족한 점이 있고, 완벽할 수 없다. 처음부터 리더 역할을 잘하는 사람은 특별한 재능을 타고난 소수를 제외하면 거의 없다. 나 역시 운 좋게 고등학교 학생회장, 대학 시절 ROTC 학군단 동기 대표를 맡았지만, 완벽과는 거리가 멀었다. 일 처리는 물론, 인간관계에서도 항상 좋은 결과를 내지는 못했다.

그러면서 크고 작은 실수를 겪으며 배웠다.

'이렇게 하면 관계가 멀어지는구나.'

'내가 좀 더 겸손해야 하는구나.'

'상대방을 높이면 모임이 더 따뜻해지는구나.'

'이런 상황에서는 이런 말을 해야 모두가 웃고 좋아하는구나.'

나는 시행착오를 겪으며 배우는 스타일이다. 하지만 한

가지 확실한 점은, 한번 겪은 시행착오는 반복하지 않으려 애쓴다는 것이다. 나는 계속해서 나를 피드백하고, 조금 더 나은 내가 되기 위해 노력할 뿐이다.

홀로 빛나는 별은 없다 : 서번트 리더십

내가 걸어온 길을 돌아보면, 마치 모난 돌이 둥그스름한 자갈이 되어가는 과정 같다. 이걸 가장 많이 체감했던 계기가 바로 농구였다.

농구는 5대5 팀 스포츠다. 친구들과 어울려 농구할 때는 내가 아무리 슛을 많이 쏴도 큰 문제가 되지 않았다. 하지만 대학 농구동아리에 들어가고 나서는 달랐다. 내가 무리한 슛을 쏘면, 어떤 선배가 늘 이렇게 말했다.

"너를 위해 팀이 있는 게 아니야. 팀을 위해 네가 있는 거야."

만화 슬램덩크의 북산고 주장 채치수가 신입 풋내기 강백호에게 하던 말이다. 처음에는 불만이 많았다. 혼나기 싫어서 무리한 슛을 줄이고 패스를 하려고 노력했지만, 쉽지 않았다. 나는 팀 내에서 가장 많은 슛을 넣고 인정받고 싶었고, 많은 사람들이 나를 좋아했으면 했다.

그런데 어느 순간, 내가 패스를 하기 시작하자 수비가 느슨해졌고, 덕분에 더 좋은 찬스에서 슛을 쏠 기회가 늘었다. 그리고 팀 전체가 승승장구하며 농구동아리 창단 16년 만에 교내 농구대회 첫 우승을 차지했다.

그때 깨달았다. '팀을 위해 희생하면 결국 나도 빛날 기회가 온다.' 이것이 내가 처음으로 서번트 리더십(Servant Leadership)을 경험한 순간이었다.

항상 나를 다그치던 선배도 그날만큼은 "정말 고생 많았다"며 나를 인정해주었고, 자랑스러워했다. 마치 강백호가 채치수에게 인정받고 기뻐했던 것처럼, 나 역시 그 순간의 감동을 잊을 수 없다. (아직도 내 카톡 첫 화면은 그날 결승전 사진이다.)

서번트 리더십, 좋은 관계의 시작

이런 서번트 리더십을 본격적으로 접목한 것은 고려대 MBA 광고홍보마케팅 직무방 회장을 맡았을 때다. 처음부터 내가 빛날 생각은 전혀 없었다. 내가 한 일은 단순했다.

- MBA 원우들 중 역량이 뛰어난 분들을 연사로 초청하

여, 그들을 스타로 만들어 주는 것.

- 코로나로 인해 줄어든 네트워킹 기회를 다시 활성화하는 것.

나는 단지 좋은 강연을 매개로 사람들을 연결했을 뿐인데, 동문들로부터 좋은 반응을 얻었고, 지금도 많은 분들과 좋은 관계를 유지하고 있다.

관계를 맺는 능력은 나이가 들수록 성장 가능한 영역이다. 나는 실제로 10대보다 20대, 20대보다 30대가 되며 관계력이 더욱 좋아지고 있음을 몸소 느낀다. 그리고 관계력이 좋아질수록 삶의 만족도도 높아졌다.

나는 이제 안다.

나를 낮추고 남을 높이면 관계가 틀어질 일이 적어진다는 것을, 그리고 나 혼자서 빛나는 것보다, 누군가를 빛내 주는 것이 나에게 더 큰 만족감을 준다는 것을.

서번트 리더십, 커뮤니티에서 빛을 발하다

나는 오랫동안 '고해남' 인터뷰 채널을 운영하며, 내가 직접 이야기하는 것보다 다른 사람을 인터뷰하는 것이 내가 더 편안하다는 것을 깨달았다.

내가 인터뷰이를 빛나게 만들면, 그들도 나에게 고마움을 느끼고, 시청자들도 흥미를 갖는다. 나는 단지 인터뷰이를 돋보이게 하는 영상을 만들었을 뿐인데, 출연자들은 “말을 잘 이끌어줘서 고맙다” 했고, 시청자들은 “흥미로운 영상이었다”며 좋은 반응을 보였다.

독서 커뮤니티도 마찬가지다.

나는 내가 무언가를 가르치기보다, 구성원들이 자신의 이야기를 더 많이 할 수 있도록 기획한다. 어떻게 하면 모임 참여자들이 속마음을 편하게 털어놓을 수 있을지 고민하며 발제문을 구성하고, 한 사람 한 사람의 발화량이 많아지도록 단체토크 시간과 그룹토크 시간을 따로 떼어 운영한다.

사람들은 대부분 듣는 것보다 말하는 것을 좀 더 좋아하며, 자신이 존중받기를 바란다. 따라서 나는 가능한 한 내 이야기를 줄이고, 구성원들이 스스로 얘기하기 힘든 자랑거리 등을 대신 설명하며 그들이 빛날 수 있도록 돕는다. 그렇게 서로가 서로를 빛내는 커뮤니티는 절대 실패할 수 없다.

커뮤니티는 나를 비추는 거울이다

커뮤니티는 콘셉트가 중요하다.

애초에 '내가 배울 사람들을 모을지', '내가 가르쳐야 할 사람들을 모을지' 부터 설정해야 한다.

나는 나도 성장할 수 있는 커뮤니티를 만들고 싶었다. 그래야 모임을 오랫동안 지속할 수 있다고 믿었기 때문이다.

그리고 커뮤니티를 운영하다 보면 스스로에 대한 깊은 이해도 가능해진다.

- 나는 사람을 좋아해서 운영하는가?
- 콘텐츠가 좋아서 운영하는가?
- 리더 역할을 맡는 것이 행복한가?

이 질문에 대한 답을 찾기 위해서는 직접 리더가 되어봐야 한다. 이 중 단 하나라도 맞지 않는다면, 커뮤니티 운영은 지속하기 힘들다.

커뮤니티를 운영하면서 깨달았다. 커뮤니티는 단순한 모임이 아니라, 나를 객관적으로 인식하는 도구다. 즉, '메타인지(Meta-cognition)'를 높여주는 거울 같은 존재다.

- 내가 진정으로 좋아하는 것이 무엇인지,
- 사람과의 관계를 어떻게 맺어야 하는지,
- 내 리더십의 스타일은 어떤지.

이 모든 것을 커뮤니티 운영을 통해 배울 수 있다.

커뮤니티의 치명적인 단점

어떤 것이든 항상 좋은 점만 있을 수 없다. 난 커뮤니티가 가진 치명적인 단점에 대해서도 말해주고 싶다.

가장 먼저, 커뮤니티 운영은 엄청난 시간과 에너지를 요구한다. 카톡방 하나만 보더라도 누군가가 메시지를 남기면 그분이 무안하지 않도록 반응해 주어야 하고, 분위기도 지속적으로 모니터링해야 한다.

모임을 준비하는 과정도 만만치 않다. 장소부터 당일 참여자 수, 테이블 배치, 모임 당일의 콘텐츠, 진행, 뒷풀이 장소, 정산까지 신경 쓸 일이 한두 가지가 아니다. 함께 도와주는 사람이 있다고 하더라도 최종 책임은 모임장에게 있다. 모임 이후에도 사람들 간의 관계에서 불편한 기류가 있는지 계속 신경 써야 한다. 커뮤니티 운영은 단순한 취미를 넘어 보이지 않는 헌신과 무거운 책임을 필요로 하는 일이다.

내가, 커뮤니티 리더가 될 상인가?

커뮤니티 운영에는 많은 시간과 노력이 필요하다. 따라서 다음과 같은 성향을 가진 사람이라면 커뮤니티 운영이 맞지 않을 수 있다.

먼저, 연락이 느린 사람이라면 커뮤니티 운영이 쉽지 않다. 카카오톡 메시지를 잘 확인하지 않거나, 하루 이틀 뒤에 답장하는 사람이라면 모임 내 미세한 변화를 감지하기 어렵다. 메시지 답이 늦어지는 이유는 중요하게 몰입해야 할 일이 많거나, 메시지가 너무 많아 피곤해서, 혹은 단순히 연락 자체를 귀찮아하는 성향 때문일 수 있다. 하지만 커뮤니티 운영자는 빠르게 상황을 파악하고 대응해야 하므로, 이런 성향이라면 운영이 원활하지 않을 가능성이 크다.

또한, 디테일한 업무를 귀찮아하는 사람이라면 커뮤니티 운영이 적합하지 않을 수 있다. 커뮤니티 운영은 사소한 일들의 연속이다. 운영자가 직접 판단하고 조율해야 하는 경우가 대부분이기 때문에 작은 부분을 소홀히 하면 모임이 원활하게 운영되기 어렵다.

무엇보다, 사람에게 관심이 없는 유형이라면 커뮤니티 운영을 지속하기 어려울 가능성이 크다. 나는 우리 모임에 새로운 사람이 참여할 때, 그가 어떤 커리어를 밟았는지, 기버(Giver)적인 성향이 있는지, 사람들과 잘 어울리는지, 어떤 비전을 가지고 있는지 등을 확인한다. 커리어를 알면 그 사람이 추구하는 바와 강점을 파악할 수 있다. 특히, 기버적인 성향과 친화력을 갖춘 사람이라면 모임에 긍정적인 에너지를 불어넣는다. 또한, 비전을 알면 우리 모임과 방향성이 맞는지 판단할 수 있다.

아무리 좋은 사람이라도 모임과 맞지 않으면 적응하기 어려운 것처럼, 운영자는 구성원이 모임에 잘 어울릴 수 있는지 세심하게 살펴야 한다. 단순히 사람을 모으는 것에서 끝나는 것이 아니라, 그들이 모임에서 어떻게 적응하는지를 지속적으로 관찰해야 한다. 모임 중에는 사람들이 즐거워하는지, 어떤 사람과 있을 때 더 몰입하는지 등을 파악해야 하며, 모임이 끝난 후에는 어떤 부분이 좋았고, 어떤 점을 개선

해야 할지 고민해야 한다. 새로 온 사람이 있다면 반드시 모임이 끝난 뒤 연락을 취해 잘 정착할 수 있도록 신경 써야 한다.

커뮤니티 운영은 단순히 행사를 기획하는 것이 아니라, 끊임없는 세밀한 관리가 필요한 일이다. 누가 소외되고 있는지, 누가 지나치게 말을 많이 하는지, 혹은 누군가가 위화감을 조성하는 것은 아닌지 세심하게 살펴야 한다. 만약 어떤 사람이 모임에서 다른 사람을 불편하게 만들었을 가능성이 있다면, 모임 후 조용히 연락해 기분 나쁘지 않게 주의를 주는 것이 필요하다.

이런 관리가 필요한 이유는, 커뮤니티 운영이 결국 '사람'의 영역이기 때문이다. 운영자가 참여자 한 사람 한 사람에게 진심으로 관심을 가지지 않는다면, 커뮤니티는 지속하기 어렵다. 모임을 주최하는 것만으로 끝나는 것이 아니라, 참여자들이 즐거웠는지, 시간을 가치 있게 보냈는지를 궁금해해야 한다. 나는 나를 믿고 모임에 와준 사람들이 즐겁고 유익한 시간을 보내길 항상 바란다.

모임의 근본은 사람이다

커뮤니티를 운영할 때 철학, 가치, 그리고 모이는 사람들도 중요하지만, 운영이 무엇보다 중요하다. 하지만 그 운영의 근본은 결국 '사람'이다. 운영자가 사람에게 관심을 기울이지 않고, 구성원들을 세심하게 관찰하지 않는다면, 모임에 대한 불만족이 쌓이고 결국 지속 가능성이 떨어질 수밖에 없다.

이런 이야기를 들으면 어떤 사람들은 "커뮤니티 운영이 그렇게 신경을 많이 써야 하는 거면 나랑 안맞는다", "가성비가 너무 안 좋다"라고 생각할 수도 있다. 하지만, 커뮤니티 운영의 치명적인 단점은 여기서 끝이 아니다.

커뮤니티를 운영하면 가까운 사람들과의 관계에도 안좋은 영향을 줄 수 있다. 특히 결혼한 사람이라면 배우자가 서운해할 가능성이 크다. 만약 "나야, 모임이야?" 라는 말을 듣는다면, 이미 갈 때까지 간 상황이다.

그렇다면 미혼은 괜찮을까? 사실 미혼도 쉽지 않다. 나는 소개팅 자리에서 독서 모임을 운영하고 있다는 사실을 먼저 이야기하지 않는다. 모임 이야기를 꺼내면 단골처럼 나오는 질문이 있다. "거기 여성분들 많지 않아요?", "모임 때문에 바쁘지 않아요?" 같은 질문이다.

이럴 때 나는 항상 이렇게 답한다.

"여성분들도 계시지만, 대부분 친한 분들이고, 결혼한 분들도 많아요. 모임도 한 달에 한 번이라 연애에 방해될 정도로 전혀 바쁘진 않아요."

이 책을 내고 나서도 내 소개팅에 큰 문제가 없었으면 좋겠다.

이렇듯 커뮤니티 운영은 결혼한 사람에게도, 미혼에게도 쉽지 않다. 아마 이 글을 읽고 나서 "커뮤니티 운영 안 해야겠다"라고 생각한 사람도 있을 것이다. 하지만 나는 그것조차 의미 있는 성과라고 생각한다. 가벼운 마음으로 "그냥 커뮤니티 한 번 만들어볼까?"라고 생각했던 분들의 시간과 에너지를 아껴드렸기 때문이다.

그럼에도 나는 멋있는 리더들이 더 많은 커뮤니티를 만들길 바란다. 건강한 커뮤니티가 많아질수록 사회는 덜 외롭고, 더 행복해질 것이라고 믿기 때문이다.

3장

어떻게 커뮤니티를 만들 것인가?

목적이 이끄는 커뮤니티

사람들이 커뮤니티를 만드는 이유는 다양하다. 돈, 자아실현, 새로운 관계 형성, 사업 홍보, 혹은 좋은 문화를 만들고자 하는 마음 등 여러 동기가 있을 수 있다. 그러나 커뮤니티 운영의 목적이 단순히 돈이라면 지속하기 어렵다.

그 이유는 커뮤니티는 운영 초기에 수익을 내기 어려운 구조이기 때문이다. 일반적으로 커뮤니티 수익은 '(회비×회원 수) - 운영비'로 계산된다. 하지만 좋은 커뮤니티로 알려지기 전까지 처음부터 높은 회비를 받을 수 없으며, 회원 수가 많아질수록 모임의 퀄리티가 낮아질 위험이 있다. 또한, 회원들의 만족도를 높이기 위해 운영비를 늘리면 수익이 줄어들고, 이는 곧 주최자가 지속적으로 운영할 동기를 잃게 만들 수 있다.

결국, 커뮤니티 운영의 핵심은 수익이 아니라 '만족감과 의미'에 있다.

나 역시 그런 만족감과 의미를 쫓아 커뮤니티를 운영해왔다.

나는 대학생 때부터 고등학교 동문 모임, ROTC 선후배 모임 등 여러 소규모 모임을 만들어 운영해왔다. 원래부터 사람과 모임 자체를 좋아했지만, 단순한 친목을 넘어 서로에게 도움이 되는 커뮤니티를 만들고 싶었다.

그냥 만나서 술을 마시고 옛날 얘기를 하는 것이 아니라,

"어떻게 하면 서로에게 도움이 되고 함께 성장할 수 있을까?"를 늘 고민했다. 이렇게 사람들과 함께 성장하고 연결하는 것을 좋아하다 보니, 어느새 100명이 넘는 독서 모임을 운영하는 모임장이 되었다.

왜 나는 이 커뮤니티를 운영하는가?

커뮤니티를 만들기 전에 스스로에게 반드시 물어봐야 한

다.

"왜 나는 이 커뮤니티를 운영하는가?"

이 질문에 대한 답은 앞으로의 커뮤니티 운영 방향과 지속 가능성을 결정짓는 핵심 요소다. 목적과 철학이 뚜렷하다면, 인원이 많든 적든, 수익이 많든 적든 상관없이 꾸준히 운영할 힘을 얻을 수 있다.

나는 어릴 때부터 주변에 친구는 많았지만, 어떻게 살아야 하는지 진지하게 고민을 나눌 멘토가 많지 않았다. 그래서 교수님이나 인생 선배들을 찾아 조언을 구하고, 자기계발·경제경영·인문학 등의 책을 읽으며 삶의 방향을 찾으려 노력했다.

책을 읽으면 읽을수록 생각이 깊어지고, 시야가 넓어지는 것을 느꼈다. 그리고 이렇게 좋은 책을 나 혼자 읽기 아깝다는 생각이 들었다. 이것이 내가 독서 모임을 만들게 된 계기였다.

책을 통해 얻은 긍정적인 변화와 통찰을 다른 사람들도 경험하길 바랐다. 2020년에 독서 모임을 만들자 스무 명 가까운 분들이 모였다.

나는 모임의 규모보다 어떤 사람들이 모이는지가 더 중요하다고 생각한다. 그저 자기 인생을 주체적으로 살아가고, 아는 것을 나누는 '기버(Giver)' 성향의 사람들이 모여 서로 돕는 분위기가 되길 바랐다.

멋진 사람들이 함께 모여 좋은 이야기를 나누는 것 자체만으로도 커뮤니티의 가치는 충분히 존재한다고 믿었다. 나는 이 모임이 1,000명이 넘는 대형 커뮤니티로 성장하길 바라지 않는다. 규모가 본질이 아니기 때문이다.

만약 규모를 키우는 것이 목표였다면, 인스타그램이나 블로그에 적극적으로 홍보하거나 광고를 진행했을 것이다. 그러나 나는 입소문과 지인의 초대로 운영하며, 좋은 사람들이 자연스럽게 모이는 커뮤니티를 만들고 싶었다.

그래서 앞으로도 독서 모임을 오래 운영할 것이다. 따뜻한 성품을 가진 사람들과 인사이트 넘치는 대화를 나누는 순간이 좋고, 그들이 서로 연결되는 모습을 지켜보는 것이 행복하기 때문이다. 좋은 커뮤니티에 속해 있다는 기쁨을 느끼는 참여자들을 보며, 나 역시 기쁨과 보람을 느끼고 있다.

지속가능한 커뮤니티의 필수요소

내가 생각하는 지속 가능한 커뮤니티의 첫 번째 요소는 '목적과 비전'이다. 목적이 불명확하고 일관성이 없으면, 구성원들은 금방 흥미를 잃는다.

예를 들어, 봉사 커뮤니티라면 '주변 어려운 이웃을 돕는 것'이 목적일 것이다. 그런데 첫 달에는 연탄 배달 봉사를 하고, 다음 달에는 클럽을 대관해 다 같이 파티를 연다고 하면 어떻게 될까? 모임의 네이밍만 듣고 가입한 사람들이 실망할 가능성이 크다. (아니다. 더 좋아할 수도 있으려나?) 커뮤니티의 비전이 명확해야 참여자들이 기대감을 가질 수 있고, 방향성을 유지할 수 있다.

두 번째 요소는 구성원의 성장이다.

커뮤니티를 통해 삶이 더 나아지고 있다고 느낄 때, 참여자들은 계속 모임에 남는다. 이를 위해 주최자는 구성원들의 성장과 발전을 도울 다양한 프로그램을 기획해야 한다.

세 번째 요소는 참여자 간의 연결이다. 참여자들 간의 신뢰와 유대감은 커뮤니티의 생명과도 같다. 주최자는 단순한 만남의 장을 제공하는 것이 아니라, 구성원들이 유의미한 관계를 형성할 수 있도록 도와야 한다. 그렇게 될 때, 커뮤니티는 단순한 모임이 아닌 서로에게 힘이 되는 공간이 된다.

커뮤니티 운영에서 가장 중요한 것은 수익이 아니라, 참여자들이 느끼는 만족과 행복이다. 주최자가 구성원의 니즈와 절실함을 충족할 수 있다면, 돈은 자연스럽게 따라오게 된다.

궁극적으로 좋은 커뮤니티는 사람들을 연결하고 성장하게 하며, 주최자와 참여자 모두에게 의미 있는 공간이 되어야 한다. 이것이 진정으로 지속 가능한 커뮤니티의 모습이다.

트렌드가 아닌,
나에게서 구하라

커뮤니티를 만들고 싶지만 어떤 콘텐츠로 운영할지 고민된다면, 트렌드를 따르기보다 자신의 관심사에서 출발하는 것이 좋다고 생각한다.

창업에는 두 가지 접근 방식이 있다.

- 사람들이 좋아하고 필요로 하는 것을 상품이나 서비스로 만드는 방식
- 좋아하는 일을 꾸준히 하다가 우연히 트렌드와 맞물려 가치가 만들어지는 방식

하지만 커뮤니티를 창업의 관점에서 보지 않고, 나의 관심사를 더 깊이 탐구하는 좋은 수단으로 생각한다면, 반드시 '관심사'에서 시작해야 한다고 말하고 싶다.

트렌드는 지나가고 본질만이 남는다

창업을 통해 돈을 벌 수는 있지만, 커뮤니티만으로 유의미한 돈을 벌기는 쉽지 않다. '유의미한 돈'의 기준은 사람마다 다르겠지만, 내 삶이 바뀔 정도로 수익을 내는 것은 커뮤니티 하나만으로는 쉽지 않다. 만약 커뮤니티 운영의 목적이 '돈'이라면, 확장성과 트렌드를 분석하는 것이 필수적이다. 그러나 나와 뜻이 맞는 사람들과 함께 오래 지속되는 커뮤니티를 만들고 싶다면, 먼저 나의 취미를 들여다보는 것이 필요하다.

일과 시간이 끝난 후, 나는 어떤 활동을 하며 시간을 보내는가? 책을 읽는가? 와인을 즐기는가? 러닝을 하는가? 영화를 보는가? 어떤 것이든 상관없다. 내가 오랜 시간 즐겨온 취미는 나에게 활력을 주는 소중한 요소다. 누군가는 "그런 취미를 굳이 왜 해?"라고 할 수도 있다. 하지만 누군가에게는 그 취미가 단순한 즐거움을 넘어 삶의 의미이자 구원이 되기도 한다. 그러니 그 취미를 함께 즐길 수 있는 동료를 찾아보자. 처음부터 수익화를 목표로 한다면 사람들에게 거부감을 줄 수도 있다. 하지만 커뮤니티가 깊이 있고 진정성이 느껴진다면, 사람들은 기꺼이 회비를 내고 참여할 것이다.

커뮤니티 운영에서 가장 중요한 것은 운영자가 그 콘텐츠를 진심으로 즐길 수 있어야 한다는 점이다. 만약 와인이 트렌드라는 이유만으로 와인 모임을 만든다면, 지속하기 어려울 것이다. 와인 모임에서는 늦은 시간까지 자리가 이어질 수 있는데, 나는 규칙적인 생활 패턴을 유지하는 편이라 중간에 먼저 집에 가고 싶어질 수도 있다. 게다가 와인에 대한 관심도, 지식도 부족하다면 모임장으로서의 자격이 의심받을 수밖에 없다.

등산도 마찬가지다. 군대를 다녀온 이후로 나는 등산을 거의 하지 않는다. 대학교 때 정말 즐겼던 농구조차 지금은 하지 않는다. 그나마 꾸준히 하는 운동이라면 헬스와 필라테스처럼 혼자서 효율적으로 할 수 있는 운동뿐이다. 주변에 등산을 좋아하는 사람들이 많아 그 매력을 익히 알고 있지만, 나에게는 여전히 많은 시간을 필요로 하는, 아직은 문턱이 높은 취미다. 만약 내가 등산 모임을 운영한다면, 그 모임은 오래 지속되기 어려울 것이다.

결국, 커뮤니티는 운영자가 좋아하는 콘텐츠를 기반으로 해야 오래 지속될 수 있다. 트렌드에 맞춰 억지로 모임을 만들면 처음에는 흥미로울 수 있지만, 운영자의 관심이 떨어지는 순간 커뮤니티의 열기도 식기 마련이다. 지속 가능한 커뮤니티를 만들고 싶다면, 내가 꾸준히 즐길 수 있는 취미를 기반으로 하고, 진정성을 가지고 운영하는 것이 무엇보다 중요하다.

난 어떻게 독서모임 운영자가 되었을까?

나는 학창 시절부터 텍스트가 많은 책을 좋아하지 않았다. 글자가 많으면 재미가 없었고, 눈도 쉽게 피로해졌다. 하지만 만화책만큼은 예외였다. 《드래곤볼》, 《슬램덩크》, 《삼국지》 같은 만화책은 사서 모으는 것이 취미일 정도였다. 그러나 대학에 가서 '성공하는 사람들은 대부분 책을 좋아한다'는 이야기를 듣고, 좋아하던 역사책부터 시작해 인문학, 위인전 등을 조금씩 읽어나갔다.

그렇게 책을 읽다 보니 내가 성장하고 있다는 느낌이 들었다. 삶을 바라보는 시선이 한 단계 한 단계 넓어지는 것 같았다. 그리고 내 인생의 전환점에는 항상 책이 있었다.

군대에서는 앨빈 토플러의 《제3의 물결》을 읽었다.

이 책에서 "세상에서 가장 느리게 변하는 것은 법과 군대이며, 가장 빨리 변하는 것은 기업이다."라는 문장을 보고, 기업으로 가야겠다는 생각을 했다. (물론, 취직하고 나서 모든 기업이 빠르게 변하는 것은 아니라는 것을 알게 되었다)

회사생활이 나와 맞지 않는다는 생각이 들었을 때는 구본형 선생님의 《그대 스스로를 고용하라》를 읽었다. 이 책을 통해 '누구나 자신만의 고유한 특성이 있으며, 그 재능을 발견하고 갈고 닦아야 한다'라는 메시지를 깊이 새겼다. 블로그와 유튜브 같은 채널에 나만의 기록을 쌓아나가기 시작했던 것도 이 시점이었다. 내 인생의 중요한 순간마다 좋은 책이 있었고, 이 책들은 내 생각을 성장시키는 좋은 재료가 되어 주었다.

《더 시스템》의 저자 스콧 애덤스는 '하나의 분야에서 최고가 되기는 어렵지만, 상위 25% 이상 되는 두 가지 능력을 결합하면 차별화된 경쟁력을 가질 수 있다'고 강조한다. 이 내용은 《타이탄의 도구들》에서 언급되었다.

나는 엄청난 다독가도 아니고, 책을 많이 쓴 저자도 아니다.

하지만,

- 책으로 성장하는 것을 좋아하고,
- 앞에서 진행하는 것을 즐기며,
- 사람들을 연결하는 것을 좋아한다.

이 세 가지가 절묘하게 맞아떨어져, 나는 지금까지도 독서 모임을 즐겁게 운영하고 있다. 솔직히 말하면, 10대나 20대 때는 내가 독서 모임을 운영하게 될 거라고는 상상도 못했다. 하지만 책을 좋아하고, 사람을 좋아하다 보니 여기까지 왔다.

당신도 삶을 즐겁게 해주는 취미가 있을 것이다. 회사 생활이 힘들어도, 그 취미를 생각하면 야근도 버텨낼 수 있는 그런 취미말이다. 그런 취미가 있다면 함께할 좋은 동료를 모아보자. 만약 사람을 모으는 것이 스트레스와 압박으로 다가온다면, 좋은 커뮤니티에 들어가는 것도 좋은 방법이다.

그러니 나를 들여다보자.

나의 가슴을 설레게 만드는 취미는 무엇인가?

나는 커뮤니티를 정말로 잘 운영할 자신이 있나?

어떤 사람들을 모아야 할까?

커뮤니티에는 어떤 사람들을 모아야 할까?

여러분은 어떤 사람과 함께하고 싶은가?

나는 긍정적이고, 타인을 배려하며, 자신이 하는 일을 사랑하는 사람, 그리고 자신의 경험을 나누고자 하는 사람과 함께하고 싶다. 그런 사람들과 어울리다 보니, 자연스럽게 나와 비슷한 성향을 가진 사람들이 모이게 되었다.

직업적으로는 사업가와 인플루언서가 나와 잘 맞았고, 실제로 모임에도 그런 분들이 계속 들어오고 있다. 사업가들은 항상 긴장하며 자신의 일에 애정을 쏟고, 인플루언서들은 끊임없이 새로운 콘텐츠를 고민하고 생산한다. 그들과의 대화는 나에게도 신선한 자극이 되어 새로운 아이디어가 떠오르게 한다.

직장인이라 하더라도 부업이나 N잡을 준비하는 사람, 혹은 자신의 업에 대한 깊은 애정을 가진 사람들을 만나면 많은 것을 배우게 된다. 이렇듯, 커뮤니티 또한 내가 배울 수 있는 사람들로 채워야 운영하는 보람이 있다. 왜냐하면 모임을 운영할 때마다 나 또한 성장하고 배우기 때문이다.

그리고 서로 다른 업종의 사람들이 만나 시너지를 내는 모습은 언제나 뿌듯하다.

예를 들어, 의사나 변호사는 마케팅 전문가를 만나 퍼스널 브랜딩과 SNS 운영 전략에 대한 인사이트를 얻을 수 있다. 반대로 마케팅 전문가들은 전문직 종사자들의 고민을 이해하면서 새로운 사업 기회를 발견할 수도 있다. 또한, 사업가들끼리도 서로 보완적인 관계를 형성하며 비즈니스적으로 도움을 주고받을 수 있다.

커뮤니티는 링크(link)다. 누구를 연결할 것인가?

어떤 커뮤니티는 의사만, 변호사만, 마케터만 모여 있는 경우가 있다. 이것은 주최자의 직업과 성향에 따라 자연스럽게 형성되는 현상이다. 예를 들면, 주최자가 주식으로 돈을 벌었다면, 자연스럽게 주식 투자자들이 모일 가능성이 크다. 인문학을 좋아하는 사람이라면, 인문학 책을 선호하는 사람들을 불러 모을 것이다. 정치에 관심이 많은 사람이라면, 정치 관련 인맥이 자연스럽게 형성될 것이다. 나이대 또한 주최자의 성향과 의지에 따라 결정된다. 50대 주최자가 20대 참가자들로만 이루어진 커뮤니티를 운영하기는 어렵다. 이처럼 어떤 사람들을 모을지는 전적으로 주최자의 가치와 방향에 달려 있다.

나는 돈을 버는 것 자체가 목적이 아니라, 돈을 자신의 꿈을 이루는 좋은 수단으로 생각하는 사람들과 가까이하고 싶다. 그래서 비즈니스와 인문학, 두 가지 균형을 중요하게 여기는 사람들이 모인 커뮤니티를 운영하고 있다.

그렇다면 여러분은 어떤 사람들과 함께하고 싶은가? 내가 배우고 싶은 사람이 누구인지 고민해 보자. 그 배움은 그 사람의 열정일 수도 있고, 배려일 수도 있으며, 전문적인 지식이나, 트렌드에 대한 인사이트, 혹은 그가 가진 경험과 태도일 수도 있다.

그것이 무엇이든, 내가 배우고 싶다고 느낀다면 자연스럽게 애정을 갖고, 그 사람을 위해 내가 줄 수 있는 것이 무엇인지 고민하게 된다. 커뮤니티는 주최자가 만들지만, 유지하는 것은 구성원들과의 관계이다. 서로를 존중하는 문화가 조성되면, 커뮤니티는 생명력을 가지고 성장한다.

좋은 사람들과 함께 하는 것은 축복이다

커뮤니티에 존경할 수 있는 사람이 함께한다면 그것만큼 가치 있는 것은 없다. 나만 존경하는 것이 아니라, 모임에 있는 모두가 비슷한 감정을 느끼게 된다. 그런 분들과 함께 있는 것만으로도 축복이다. 왜냐하면, 그들과의 대화가 나를 성장하게 만들고, 그들의 태도와 사고방식이 자연스럽게 내 몸에 배기 때문이다.

사람은 주변에 누가 있느냐에 따라 인생이 달라진다. 내가 존경할 수 있는 사람들로 내 주변을 채운다면, 그것보다 성공과 행복으로 가는 더 빠른 길이 있을까?

결국, 커뮤니티는 주최자가 추구하는 인생 방향이다. 그 방향성이 곧 커뮤니티의 색깔이 되고, 비슷한 결의 사람들이 모이게 된다.

어느 강연에서 김창옥 교수님이 이런 말을 한 적이 있다.

"여러분, 인간은 시간이 그리 길지 않습니다. 오래 살면 90세입니다. 자기 힘으로 건강하게 걸어 다니는 날, 그러면 이제 저와 여러분은 몇 년이 남았는지 예측할 수 있습니다. 샤넬이 그런 얘길 했습니다. 럭셔리의 반대는 천박함이 아니다. 럭셔리의 반대말은 흔한 것이다. 그러면 세상에서 가장 귀한 것 중에 하나는 시간입니다. 얼마 안 남았거든요. 사랑받고 살건, 이별을 경험했건, 영향력이 있건 없건, 외모가 어떻건, 사회적 지위가 무엇이건, 그런 것과는 비교할 수 없을 만큼 인간의 시간이 짧고 귀하다는 거죠"

우리에게 주어진 시간은 생각보다 짧고 소중하다.

그렇다면, 나는 누구와 시간을 보내고 있는가? 내가 진심으로 함께하고 싶은 사람들과 의미 있는 시간을 보내고 있는지 돌아보자.

참가비는 무조건 무료가 좋을까?

커뮤니티 운영에서 참가비는 가장 예민하고 고민스러운 부분 중 하나다. 운영자는 사람들이 커뮤니티를 통해 좋은 경험을 하길 바라면서도, 돈을 받는 순간, 너무 상업적으로 보이지 않을까? 하는 걱정을 하게 된다.

하지만 참가비 없이 커뮤니티를 운영하는 것이 과연 지속 가능할까? 커뮤니티는 운영자가 지쳐서는 절대 안 된다. 선한 의도로 무료로 운영하더라도, 시간과 경제적 부담이 커지면 오래 지속하기 힘들다. 또한, 참가비가 없으면 참여자의 책임감도 낮아질 수 있다.

구성원의 책임감을 비용으로 부여하라

상상해보자. 당신은 한 커뮤니티에 가입했는데, 모임 전날 술을 많이 마셔서 가기가 귀찮다. 만약 그 모임이 무료라면, '그냥 안 가도 되겠지'라고 생각할 확률이 높다. 하지만, 만약 10만 원을 내고 참여한 모임이라면 어떨까? 환불이 어려운 상황이라면, '아깝더라도 가야겠다'는 생각이 들 것이다.

이렇듯 비용이 발생하면 사람들은 자연스럽게 더 신경을 쓰게 된다. 참가비를 냈다는 것은 그 모임에 대한 가치와 기대감을 의미하는 것이며, 책임감을 부여하는 요소가 된다.

나는 커뮤니티를 운영하면서 참가비를 받을 때마다 고민했다. "친한 지인들이 모였는데 돈을 받으면 너무 상업적으로 보이지 않을까?"

하지만 이제는 생각이 바뀌었다.

"모임의 퀄리티를 높이고, 더 좋은 사람들을 초대하자."

이렇게 마음을 먹고 나니, 조금 더 편안하게 참가비를 설정할 수 있었다. 물론, 여전히 마음이 완전히 편하진 않다.

얼마의 참가비가 적당할까?

모임마다 참가비를 걷는 것도 방법이지만, 운영자의 에너지를 많이 소모할 수 있다. 플랫폼 기반(프립, 문토)에서는 자동 결제 시스템이 있어 편리하지만, 그게 아니라면 수금 과정이 번거롭다.

이런 점을 고려하면, 일정 기간을 기준으로 회비를 받는 것도 좋은 방법이다. 트레바리(4개월 30만 원대)와 넷플연가(3개월 20만 원대)가 이런 방식을 쓰고 있다. 이처럼 일정 기간 참가비를 미리 납부하면, 운영자는 관리 부담을 줄이고, 참가자들도 책임감을 갖고 꾸준히 참여하게 된다.

단, 참가비를 미리 받을수록 콘텐츠의 퀄리티가 중요해진다. 참여자가 '이 비용이 아깝지 않다'고 느낄 만큼 가치 있는 모임을 기획해야 한다. 참가비를 받는 주기가 길다면, 지속적으로 참여자를 매혹할 수 있는 탄탄한 콘텐츠가 필요하다.

만약에 처음 운영하는 커뮤니티라면 참가비를 처음부터 높게 설정하는 것은 참여자들이 부담을 느낄 수 있다. 주기를 짧게 잡고, 참가비도 소액(1~2만 원)부터 시작해보자. 작은 금액이라도 지불하고 나면, 참여자는 더 신경을 쓰게 된다.

돈이 가는 곳에 마음도 간다. 이는 단순한 경제 논리가 아니라, 심리적인 메커니즘이다.

관계의 가치, 어떻게 부여할까?

참가비를 책정할 때 가장 중요한 것은, 그 비용이 '어떤 가치를 제공하는가'에 대한 설득력이다. 트레바리와 넷플연가 같은 커뮤니티 플랫폼은 단순한 모임이 아니라,

- 운영자의 철학과 콘텐츠
- 취향이 맞는 사람들과의 만남
- 새로운 인사이트를 얻는 기회

이런 요소들을 제공하기 때문에 2~30만원의 참가비를 받는다. "그냥 책을 읽고 싶다면 혼자 읽으면 되는데, 왜 독서 모임에 참가할까?", "와인은 친구들과 마시면 되는데, 왜 와인 모임에 참가할까?"

그 이유는, 단순한 활동이 아니라 '관계의 가치' 때문이다.

- 운영자의 스토리를 듣고 싶어서

- 취향이 맞는 새로운 사람을 만나기 위해서
- 색다른 경험을 하고 싶어서
- 이성과의 만남을 기대하면서

이런 다양한 니즈가 있기 때문에, 커뮤니티 참가비는 단순한 비용이 아니라 관계의 가치를 반영하는 요소가 된다.

참가비를 설정하는 핵심 포인트

참가비는 애매하지만, 피할 수 없는 문제다. 다음 3가지를 기억하며 오래가는 커뮤니티를 만들어보자.

① 처음에는 낮은 가격으로 시작하자. 초반에는 가격을 부담스럽지 않게 설정해야한다. 그리고 경험이 쌓이고 참여자들의 만족도가 높아지면 참가비를 점진적으로 조정해보자.

② 무료 운영은 피해야 한다. 무료는 운영자의 피로도를 높이고, 참가자의 책임감을 낮춘다. 최소한의 참가비라도 부과하여 책임감을 부여하자.

③ 참가비가 높은 커뮤니티일수록 강력한 콘텐츠가 필요

하다. 사람들이 '이 비용이 아깝지 않다'고 느낄 만큼의 가치를 제공해야 한다.

많이 다녀봐야
더 나은 커뮤니티를 만든다

경험이 쌓여야 모임장의 능력치도 올라간다

커뮤니티를 운영하고 싶다면, 최대한 다양한 커뮤니티를 경험해보는 것이 중요하다. 서로 다른 콘텐츠와 분위기를 가진 모임을 경험하면, 어떤 요소가 성공적인 커뮤니티를 만드는지 직접 체득할 수 있기 때문이다.

나는 독서 모임, 농구 모임, 경제 모임, 영화 모임, 와인 모임 등 정말 많은 커뮤니티에 참여해왔다.

이 과정에서 나는

- 내가 어떤 취향을 가지고 있는지
- 어떤 사람과 잘 어울리는지
- 어떤 분위기의 커뮤니티가 나에게 맞는지

이 모든 것을 경험을 통해 알게 되었다. 커뮤니티는 결국 사람이 만든다. 따라서 나 자신과 타인을 관찰하는 힘이 필수적이다.

- 나는 어떤 사람인가?
- 그 커뮤니티엔 어떤 사람들이 모였나?
- 커뮤니티의 분위기와 문화는 어떠한가?

이런 질문을 끊임없이 던지면서 메타인지, 관찰력, 관계력, 리더십을 키울 수 있었다.

같은 주제라도, 운영 방식과 구성원에 따라 커뮤니티의 분위기는 천차만별이기도 하다. 예를 들어, 농구 모임이라 하더라도 목적이 취미인지, 대회 참가인지, 리더가 누구인지, 참여자의 직업과 연령대가 어떠한지 등 이 모든 요소에 따라 완전히 다른 커뮤니티가 형성된다. 따라서, 다양한 분위기의 커뮤니티를 경험해보는 것 자체가 좋은 커뮤니티를 만드는 과정이 된다.

하지만 그렇다고 모든 커뮤니티를 다 가볼 필요는 없다. 시간과 에너지는 한정적이기 때문이다. 그렇다면 어떤 커뮤니티를 경험해야 할까? 앞서 언급한 트레바리, 넷플연가, 프립, 문토 같은 플랫폼을 이용하지 않더라도, 훌륭한 커뮤니티는 곳곳에 존재한다. 어떤 모임장들은 충분한 영향력이 있어 굳이 공개적인 플랫폼을 이용하지 않는다. 또한, 지인 소개로만 들어올 수 있는 프라이빗 모임을 운영하는 경우도 많다. 이런 알짜배기 모임에 접근하려면, 비슷한 취향을 가진 사람들과 교류하면서 자연스럽게 정보를 얻는 것이 좋다.

보는 것과 직접하는 건 좀 다를걸?

커뮤니티를 경험하다 보면, "와, 이런 주제로도 사람들이 모이고 운영자가 돈을 버는구나?", "이 정도면 나도 만들겠다."라는 생각이 들 수도 있다. 하지만 커뮤니티 운영은 경험해보기 전까지 그 난이도를 실감하기 어렵다.

직접 운영해본 후에야 "이 정도로 운영한 것도 쉽지 않은 일이었구나." 하고 깨닫게 될 수 있다. 때로는 실패하는 커뮤니티에서 배울 점도 많다. 운영이 잘되지 않는 이유가 무엇인지 분석하면, 내가 만들 커뮤니티에서 피해야 할 점을 배울 수 있다.

반대로, 훌륭한 커뮤니티를 만나면 "이런 모임을 꼭 만들고 싶다"는 동기부여를 받을 수도 있다. 하지만 그 정도 수준의 모임을 운영할 자신이 없다면, 운영자가 되기 전에 먼저 팔로워로서 내공을 쌓는 것도 좋은 방법이다. 좋은 경험을 바탕으로 자신만의 독창적이고 의미 있는 커뮤니티를 만들어 보자. 이 모든 과정이 당신의 커뮤니티 운영 능력을 키우는 가장 확실한 길이 될 것이다.

4장

오래가는
커뮤니티의 비밀

작지만 강한 커뮤니티의 조건

커뮤니티의 규모, 몇 명이 적당할까?

여러분은 10명이 모인 단체 카톡방에서 저녁 약속을 잡아본 적이 있는가? 바쁜 사람들 4~5명만 모여도 일정 조율이 쉽지 않다. 그렇다면, 커뮤니티는 몇 명이 모여야 적당할까? 정답은 없다.

오픈 채팅방에 1,000명이 있어도, 서로 얼굴도 모르고 대화도 없다면 그것을 커뮤니티라고 할 수 있을까? 반면, 10~20명이 모여 활발하게 교류하고 서로를 응원하는 모임이라면? 오히려 그 작은 모임이 훨씬 더 건강하고 지속 가능한 커뮤니티일 것이다.

나는 100명이 넘는 독서 커뮤니티를 운영하면서, 500명이 모였던 고려대 MBA 광고홍보마케팅 직무방 회장도 함께 맡아봤다. 다양한 커뮤니티를 경험하며 깨달은 점은 하나다. 인원수는 중요하지 않다는 것. 진짜 중요한 건 '관계의 퀄리티'다. 좋은 커뮤니티의 핵심 요소는

- 성향 좋은 멤버들이 모여있는가?
- 좋은 영향을 서로 주고 받으며 함께 성장하는가?
- 의미 있는 교류가 지속적으로 이루어지는가?

이 3가지 요소가 충족되지 않으면 아무리 큰 규모라도 결국 와해될 가능성이 크다. 커뮤니티는 '몇 명의 커뮤니티를 운영한다'고 자랑하기 위해 존재하는 것이 아니다. 진짜 중요한 것은 구성원들이 모임에 대한 애정과 소속감을 가지는 것이다. 이 본질이 충족되면, 광고를 따로 하지 않아도 자연스럽게 성장한다.

핵 응집력을 지닌 커뮤니티의 조건

좋은 커뮤니티는 단순히 사람이 많은 것이 아니라, 구성원 간의 유대감과 방향성이 비슷해야 한다. 한마디로 구성원의 결이 맞아야 한다.

기버(Giver)와 테이커(Taker)가 함께 있으면, 기버는 지치고 떠날 가능성이 크다. 물론 모두가 완벽한 기버일 순 없지만, 적어도 서로 돕고 성장하려는 분위기가 필요하다.

그렇기 때문에 모임장은 참여자를 초대할 때 신중해야 한다. 단순히 모임 회비를 더 걷기 위해 아무나 초대하면, 앞으로 운영에 어려움이 많아질 수 있다. 커뮤니티에서 가장 조심해야 할 것은 '구성원 간의 불화'다. 한 번 분위기가 나빠지면, 되돌리기가 매우 어렵다. 그래서 광고를 통한 모집은 항상 고민해봐야 한다. 광고를 통해 모집하면 빠르게 모임이 성장할 순 있지만, 들어오는 구성원의 성향을 파악하기 어렵다. 커뮤니티의 목표가 '빠른 확장'인지, '진정한 관계 형성'인지를 명확히 구분 해야 한다.

커뮤니티의 지속 기간도 전략적으로 설정할 필요가 있다. 모임의 기한을 1년으로 운영하는 경우, 모임장이 감당해야 할 리스크가 크다. 만약 사람 리스크를 최소화하고 싶다면,

짧은 기한(3~6개월)으로 운영하는 것도 방법이다. 사람을 들이는 건 쉽지만, 내보내는 건 어렵다. 모임과 맞지 않는 사람이 들어왔을 때, 나가도록 부탁하는 것은 쉽지 않은 일이다. 운영 철학과 참여자를 들이는 기준을 명확히 세우는 것이 중요하다.

"눈에서 멀어지면, 마음에서도 멀어진다."는 말은 커뮤니티에도 그대로 적용된다. 커뮤니티가 지속되려면 자주 만나 유대감을 쌓는 것이 필수적이다. 나는 한 달에 한 번 모이는 정기 독서 모임 외에도 강연이나 소규모 모임을 마련해 구성원들이 자연스럽게 교류하고 관계를 깊이 쌓을 수 있도록 신경 쓰고 있다.

또한, 모임장은 어느 한 구성원이라도 소외되지 않도록 신경 써야 한다. 새로운 멤버가 왔을 때 따뜻하게 반겨주는 분위기를 만들고, 참석한 사람들에게 소중함을 느끼게 해줘야 한다. 사람은 '내가 소중하게 여겨지는 곳'에 마음이 가기 마련이다.

콘텐츠로 승부하라

사람들을 모으는 가장 쉬운 방법은 모임장이 유명해지는 것이다. 예를 들어, 김창옥 교수님이나 김미경 원장님이 커뮤니티를 운영한다고 하면, 어마어마한 사람들이 신청할 것이다. 꼭 이 두 분이 아니더라도 10만명 넘는 팔로워를 가진 유튜버나 인플루언서라면 사람을 모으는 데 수월할 것이다.

하지만, 우리가 모두 인플루언서가 갑자기 될 수 없다. 그리고 모두가 인플루언서일 필요도 없다. 모임장이 유명하지 않더라도 영향력 있는 연사를 초청하거나, 사람들이 꼭 필요로 하는 콘텐츠를 제공하면 사람들은 자연스럽게 모이게 된다. 나는 이것을 MBA 재학 중에 느꼈다.

소문난 잔치(×), 먹을 것 많은 잔치(○)

나는 고려대 MBA 재학 중 광고홍보마케팅 직무방(이하 광홍마) 회장을 맡게 되었다. 처음 맡았을 때는 회원이 500명이나 있었지만, 코로나 여파로 인해 모임이 거의 정체되어 있었다. (현재는 900명이 넘는 초대형 모임이 되었다)

전임 회장 형도 나에게 너무 무리하진 말라고 조언했지만, 나는 주어진 역할에 최선을 다하고 싶었다. 하지만 문제는 시간이었다. 주중에는 회사와 MBA 수업, 주말에는 유튜브와 독서 모임 운영에, 거기에 직무방 운영까지? 솔직히 부담스러웠다. 그럼에도 "이왕 맡은 거 제대로 해보자!"라는 책임감으로 도전했다.

커뮤니티를 운영하려면 사람들에게 기대감을 심어주어야 한다. 나는 운영진을 꾸리고, 1년 연간 계획을 세웠다. 이렇게 한 이유는 미리 기대감을 높여 프리미엄 회원비를 확보하기 위해서였다. 저명한 연사를 초대하고, 좋은 장소에서 모임을 개최하려면 충분한 예산이 필요했기 때문이다.

첫 행사는 디즈니코리아 상무님을 초청했다. 디즈니라

는 브랜드가 가진 힘과 같은 MBA출신 원우라는 타이틀 덕분에 사람들이 몰렸고, 강연 내용도 훌륭했다. 행사 후 참석자들의 만족도가 높아지니 입소문이 금방 퍼졌다. 이후에는 개강총회 행사에서 새로운 시도를 했다. 각 테이블 별로 마케팅, 블로그, 유튜브, 창업, 영업 등 각 분야 전문가 원우들을 초대하여, 참가자들이 원하는 테이블을 선택하도록 기획했다. 이 행사는 참가자들에게 더 강한 네트워킹 기회를 제공했고, 만족도를 더욱 높였다.

그 이후에도 《포노사피엔스》 저자 최재붕 교수님과 《기획자의 습관》 저자 최장순 대표님 등 베스트셀러 작가 분들을 연사로 모셔오기도 했다. 이런 분들의 강연은 참가자들에게 큰 인사이트를 주기에 충분했고 많은 사람들이 좋아했다. 나는 더 나아가서 우리와 비슷한 환경에서 성장한 원우들의 경험도 중요하다고 생각했다.

그래서, 실제 졸업생 중에서도 뛰어난 커리어를 가진 분들을 연사로 초청하기도 했다.

- 대기업에서 IT 스타트업 C레벨로 간 원우
- 대기업 다니다가 스타트업 창업한 원우

- 쿠팡에서 빠르게 임원이 된 원우

이런 분들을 모셨는데 예상보다 반응이 너무 좋았다. 자신과 비슷한 출발점에서 성공한 사람들에게서 사람들은 더 큰 자극을 받는다는 것을 몸소 느꼈다. 나는 이런 강연 외에도 광홍마 내 독서 모임과 연세대 MBA와의 협업 네트워킹 등 다양한 시도를 하며 1년간 직무방을 운영했다. 그 과정에서 내 기획력도 성장했고, 사람들이 어떤 콘텐츠를 원하고 좋아하는지 직접 경험하며 배울 수 있었다. 그리고 콘텐츠만으로 사람을 충분히 모을 수 있다는 확신도 생겼다.

의도한 건 아니지만 신뢰가 남다

광홍마 회장을 한 건 무언가 바라고 한 것이 전혀 아니었다. 전년도 회장 형이 진짜로 시켜서 했다. 하지만 자존심 때문에 잘 해내고 싶었다. 난 그저 내 자존심 때문에 열심히 했었을 뿐인데, 신기하게도 귀한 인연들이 많이 남았다. 내가 사업을 한다고 할 때도 주변에서 적극적으로 사람들을 소개해 주었고, 어려운 일이 생기면 언제든 연락할 수 있는 원우들을 많이 만날 수 있었다. 다양한 일들을 한꺼번에 소화하느라 힘든 MBA 생활이었지만, 막상 해보고 나니 많은 것들이 남았다.

섭외도 실력이다

커뮤니티의 퀄리티를 높이기 위해 외부 연사를 섭외하는 경우가 많다. 내부 구성원의 강연도 유익하지만, 새로운 인사이트를 제공할 수 있는 외부 전문가의 강연은 참가자들의 만족도를 더욱 높일 수 있다. 그러나 연사를 섭외하는 일은 쉽지 않다. 특히, 인맥이 넓지 않다면 더욱 어렵게 느껴질 것이다. 나 역시 처음부터 인맥이 넓지 않았다. 이번 장을 통해 어떻게 훌륭한 연사분들을 섭외할 수 있었는지 작은 노하우를 공유하고자 한다.

영향력 or 자본 or 진정성 : 성공적 섭외의 필요조건

가장 쉬운 섭외 방법은 영향력을 갖추는 것이다. 100만 구독자를 보유한 유튜버는 신인 작가나 구독자가 적은 유튜버를 쉽게 섭외할 수 있다. 그 사람과 친해져서 유튜브 채널에 출연하게 된다면 개인 브랜딩과 회사 홍보 효과가 크기 때문이다. 삼성전자나 현대자동차 같은 대기업 교육담당자도 회사가 가진 영향력이 크기 때문에 연사 섭외가 수월하다.

영향력이 없어도 충분한 자본이 있다면 원하는 연사가 섭외가능하다. 연예인도 단가를 맞춰준다면 섭외가 가능한 시대다. 하지만 단순히 돈을 많이 준다고 해서 모든 연사가 응하는 것은 아니다. 연사 입장에서 해당 커뮤니티가 자신의 브랜드 이미지와 맞지 않는다면 거절할 가능성이 높다. 따라서 단순한 금전적 보상 외에도, 커뮤니티의 정체성을 명확히 하고, 브랜드 신뢰도를 높이는 것이 중요하다.

나처럼 영향력도, 큰 자본도 없는 사람이라면 진정성이 답이 될 수 있다. 나는 고해남 유튜브 채널을 운영하며 이 방법을 직접 경험했다. 처음에는 연애 관련 콘텐츠를 다뤘으나, 조회수가 100을 넘기지 못해 책 리뷰 콘텐츠로 전환했다. 그러나 이마저도 반응이 없어 채널을 접을 위기에 놓였다. 그러던 중, 친한 동생이 KBL(한국프로농구연맹)에 취업한 과정을 인터뷰한 영상이 예상 외로 좋은 반응을 얻었다. 지인들은 내가 인터뷰할 때 더욱 자연스럽다는 피드백을 주었고, 그때부터 본격적으로 인터뷰 채널로 방향을 잡았다.

그러나 인터뷰 채널은 연사 섭외가 가장 큰 문제다. 유명 인사를 초대하려면 영향력이나 금전적 보상이 필요했지만, 당시 나는 둘 다 없었다. 그래서 내가 선택한 방법은 오랜 시간 동안 관계를 쌓아가는 것이었다.

나는 30대 초반부터 배울 수 있는 분들을 찾아다니며 강연을 듣고, 페이스북과 인스타그램을 통해 지속적으로 관계를 유지해 나갔다. 직장인이었기 때문에 공개적으로 퍼스널 브랜딩을 할 수는 없었지만, 멋진 인생을 살아가는 사람들과 인연을 이어나가는 것은 가능했다. 그렇게 한 분 한 분에게 진심을 담아 긴 카카오톡 메시지나 DM을 보내며 섭외 요청을 했다.

답장이 없으면 '내가 아직 부족해서 그렇다'라고 생각하며 상대를 탓하지 않았다. 대신 내 콘텐츠를 꾸준히 쌓아가며 연락을 이어갔다. 연사분들도 한 달, 세 달, 여섯 달이 지나면 대부분 포기할거라 생각한다. 하지만 1년, 2년이 지나도 꾸준히 연락을 하면 진정성의 단계가 된다. 나는 이렇게 배울 수 있는 분들과의 관계를 이어나갔고, 결국 유튜브뿐만 아니라 독서 모임과 고려대 MBA 광홍마 모임에도 유명한 연사분들을 초대할 수 있었다.

한 예로, 고려대 MBA 광홍마 후배가 퍼스널 브랜딩 전문가를 섭외해 줄 수 있냐고 요청이 왔다. 나는 2017년 처음 강연을 듣고 감동받았던 《퍼스널 브랜딩에도 공식이 있다》 저자 조연심 대표님을 떠올렸다. 당시 강연 내용을 블로그에 기록해두었었는데, 이 포스팅 내용을 조연심 대표님께 공유하며 당시에 얼마나 감동받았는지, 그 후로 나의 브랜딩을 어떻게 만들어왔는지 진심을 담아 연락을 드렸다. 이 진심이 전해졌는지 조 대표님은 흔쾌히 강연을 수락해 주셨다. 현재는 내 사업에도 많은 도움을 주실 정도로 각별한 사이를 유지하고 있다.

포기하지 않으면 기회는 온다

영향력이 있고 돈이 많으면 유리한 건 맞다. 하지만 난 그 두 가지가 부족한 것을 인정하고 현재 상황에서 할 수 있는 것들에 집중하기 시작했다. 그렇게 하다 보니 좋은 기회들이 오기 시작했고, 지금은 고해남 채널도 안정적으로 게스트를 섭외할 수 있게 되었다. 내 채널이 좋은 분들을 모시려고 한다는 진정성을 많은 분들이 알아봐 주는 것 같다.

좋은 분들을 나의 커뮤니티에 모시는 건 쉽지 않다. 그렇다면 진정성을 조금씩 쌓아 나가보자. 시간은 걸리겠지만 많은 분들이 도와줄 것이다. 세상은 그렇게 외롭지 않다. 내가 포기하지 않는다면 하늘도 나를 돕는다.

원칙과 시스템이 만드는 신뢰감

소규모(10명 미만) 커뮤니티는 별도의 원칙이나 시스템 없이도 리더의 추진력과 구성원 간의 끈끈한 유대감만으로 운영될 수 있다. 하지만 50명이 넘어가는 규모라면 지속 가능성을 위해 반드시 원칙과 시스템이 필요하다. 모임 일정이 불규칙하고, 우연히 모이는 방식으로는 장기적인 운영이 어렵다. 따라서 언제, 어디서, 어떻게 모일지에 대한 명확한 기준을 세워야 한다.

언제, 어디에서, 어떻게 모일 것인가?

모임을 지속적으로 운영하려면 주기적인 만남이 필수적이다. 한 달에 한 번이든, 두 달에 한 번이든 정기적인 일정이 있어야 구성원들이 일정을 조율할 수 있다. 또한 모임 요일을 고정하는 것이 좋다. 불규칙하게 평일과 주말을 오가면 특정 요일에 일정이 있는 구성원들이 소외감을 느낄 수 있다.

장소 또한 마찬가지다. 광화문, 강남, 성수 등 다양한 지역을 번갈아 가며 모이면 오히려 불만이 생길 수 있다. 특히 50명 이상이 정기적으로 참여하는 대규모 커뮤니티에서는 장소를 정해서 구성원들이 예측 가능할 수 있게 만들어 줘야 한다. '앞으로 이곳에서 진행합니다. 가능한 분만 모임에 참석해 주세요'라는 원칙을 세우면 모임장과 구성원 모두가 편하다.

내가 운영하는 독서 모임은 매월 셋째 주 일요일 오전 10시에 진행된다(공휴일이나 기념일이 겹칠 경우 둘째 주나 넷째 주로 선정). 장소는 강남의 한 공간을 대관해 사용한다. 일요일 아침에 모이는 이유는 부지런한 사람들이 모였으면 하는 바람에서다. 또한 오전에 모이면 점심 이후에도 개인 시간을 활용할 수 있고, 저녁 모임처럼 술자리로 흐를 위험도 적다. 술자리가 잦으면 예기치 못한 사고가 발생할 가능성이 높기도 하고, 주말 아침이 스케쥴을 통제하기 좋기 때문에 늘 일요일 아침을 유지한다.

강남을 선택한 이유는 특정 지역에 편중되지 않기 위해서다. 만약 성수나 합정 같은 특정 지역에서 모임을 지속하면 '모임장이 그 근처에 살아서 그런 것 아니냐'는 오해가 생길 수 있다. 강남은 대중교통 접근성이 좋고, 다양한 사람이 납득할 수 있는 상징성이 있기 때문에 최적의 선택이라고 생각했다. 모임의 시간과 장소는 각 모임의 특성에 맞게 유연하게 정해보자.

독서 모임의 연간 계획과 신뢰의 중요성

해마다 연말이 되면 다음 해 모임 일정과 도서 목록을 미리 정해 공유한다. 이렇게 하면 참가자들은 자신의 관심사와 맞는지를 확인한 후 연회비를 내고 참여 여부를 결정할 수 있다. 관심 없는 책을 강제로 읽는 것은 불필요한 시간 낭비가 될 수 있기 때문이다.

한 번 결정된 날짜는 가능하면 바꾸지 않는다. 대규모 커뮤니티에서는 모임 일주일 전에 일정을 변경하는 것은 신뢰를 잃는 행동이며, 조정이 어려운 사람들에게 큰 불편을 초래할 수 있다.

행사 당일에는 세밀한 타임테이블이 필요하다. 몇 시에 어떤 행사가 진행되고, 몇 시에 종료되며, 이후 이동 장소는 어디인지 등의 정보를 사전에 공유해야 한다. 일정이 명확하지 않으면 우왕좌왕하게 되고, 불필요한 혼란이 발생한다. 특히, 100명이 모이는 대형 행사에서도 타임테이블이 있으면 질서 있게 운영할 수 있다. 정확한 진행이 신뢰를 형성하는 핵심 요소다.

회비 운영과 지속가능성

회비도 중요한 원칙 중 하나다. 내가 운영하는 ROTC 모임에서는 취업한 선배들이 매월 일정 금액을 회비로 내고, 취업하지 않은 후배들은 회비 부담 없이 모임에 참여할 수 있도록 운영한다. 또한 학군단에 입단한 후배와 전역한 후배에겐 소정의 장학금을 지급한다. 장학금 액수는 크지 않지만, '함께 뜻을 모은다'는 의미가 크다.

회비 운영의 핵심은 '누구나 공감할 수 있는 기준'을 마련하는 것이다. 이런 명확한 기준을 갖고 꾸준히 이어나가면 장기적인 신뢰를 통해 모임을 오래 이어나갈 수 있다.

그리고 ROTC 모임이라고 하면 왠지 술을 많이 마실 것 같은 느낌이 들지만 전혀 그렇지 않다. 주말 낮에 분위기 좋은 맛집에서 장학금을 전달하고, 후배들 고민 들어주고 모임을 마친다. 그래서 10년 이상 차이나는 후배들도 자리를 전혀(?) 불편해 하지 않는다(최소한 내가 느끼기엔 그랬다). 선배들은 자기자랑 보단 후배들 고민을 들어주고 도와줄 건 없는지 물어봐야한다. 나는 후배들이 요청하면 자기소개서 첨삭이나 면접 등을 항상 봐준다. 실제로 그렇게 취업에 성공한 케이스들도 꽤 있다. 후배는 자립할 수 있도록 도와줘야 할 대상이지 이득을 취하거나 내 무용담을 들어줄 대상이 아니다. 도와줄 선배라고 느껴지면 알아서 따른다. 후배에게 존경심을 바라지 말고 한없이 도와줘보자. 입은 되도록 닫고, 지갑과 귀를 열면 후배들은 웬만하면 좋아하게 되어 있다.

원칙과 시스템이 커뮤니티를 강하게 만든다

원칙과 시스템은 비록 작아 보이지만, 사람들이 이를 합

의하고 따르는 과정에서 커뮤니티의 영향력이 형성된다. 그리고 이 원칙에서 리더도 예외가 되어선 안 된다. 나 역시 6년간 독서 모임을 운영하며 아파서, 혹은 갑작스러운 사고로 인해 모임 일정을 취소하거나 연기한 적이 단 한 번도 없다. 한 번 약속한 것은 최대한 지키려 노력해왔고, 이러한 행동 자체가 신뢰를 형성하는 요소가 되었다. 커뮤니티 운영에는 다양한 방식이 있을 수 있지만, 내 경험상 가장 효과적인 방법은 원칙과 신뢰를 기반으로 한 운영이었다.

오늘날 창의성이 중요하다는 시대적 흐름 속에서, 딱딱한 원칙이 과연 필요한가 의문을 가질 수도 있다. 하지만《타이탄의 도구들》에서 소개된 조코 윌링크의 말을 인용하고 싶다.

"규율이 곧 자유다. 자유로운 의사결정을 위해서는 일관된 규칙이 필요하다. '이제 뭘 해야 하지?', '아침으로 뭘 먹지?' 같은 사소한 고민을 줄이는 것이 오히려 자유를 극대화하는 방법이 될 수 있다."

원칙을 세우고 운영하면, 구성원들은 불필요한 고민 없이 더 자유롭고 의미 있는 경험을 할 수 있다. 결국, 강력한 원칙이 커뮤니티를 성장시키고 지속 가능하게 만든다.

선택권을 너무 주지 말라

누구나 좋은 사람이 되고 싶어 한다. 많은 사람들에게 좋은 사람으로 보이고 싶어 하고, 모든 이의 의견을 존중하며 공평한 리더가 되고자 한다. 하지만 모든 사람에게 좋은 사람이 되는 것이 반드시 좋은 리더십을 의미하는 것은 아니다. 때로는 모두의 의견을 수용하는 것이 공정해 보일 수 있지만, 그것이 반드시 공동체를 위한 최선의 길은 아니다.

한 배에 선장이 열 명이라면 목적지까지 안전하게 도착할 수 있을까? 매 항로마다 의견을 조율해야 한다면, 배는 효율적으로 나아가기 어렵다. 최적의 경로를 설정하고, 결정된 방향으로 책임 있게 이끌어 줄 리더가 필요하다. 리더의 역할은 단순한 조정자가 아니라, 공동체가 나아가야 할 방향을 제시하고, 과감한 결정을 내리는 것이다.

나는 독서모임을 처음 운영할 때, 매달 어떤 책을 읽을지 구성원들의 추천을 받고, 투표를 통해 결정했다. 그러나 책 리스트를 만들고 투표를 진행하는 과정에서 문제가 발생했다. 추천된 책 중 마음에 드는 것이 하나도 없는 사람이 생겼고, 장르가 너무 달라 취향 차이로 갈등이 생기기도 했다.

그때 깨달았다. 독서 모임에서 중요한 것은 '책을 읽는 것'이 아니라, '모임의 성격을 명확히 하는 것'이라는 점이다. 그래서 '자유와 성장'을 키워드로 삼고, 경제적 자유를 위한 경제경영서, 성장에 도움이 되는 자기계발서, 그리고 마음의 깊이를 더하는 인문학 도서를 조화롭게 선정해 연간 도서 목록을 정했다.

모임 일정도 매달 묻지 않는다. 연간 모임 날짜를 미리 정해놓았다. 심지어 자리 배치할 때도 참가자들에게 묻지 않는다. 최대한 많은 사람들이 서로 친해 질 수 있도록 매번 자리를 변경한다. 자리 배치 기록은 엑셀로 저장하여 관리한다. 이런 방식이 처음에는 독단적으로 보일 수 있다. 그러나 이러한 결정들이 모임의 효율성을 극대화하고, 참가자들이 오히려 선택의 스트레스에서 벗어나도록 돕는다.

구성원을 선택의 역설에서 해방시켜라

심리학자 배리 슈워츠는 '선택의 역설(Paradox of Choice)' 개념을 통해, 선택지가 많아질수록 사람들이 처음에는 자유롭다고 느끼지만, 결국 선택 과정이 복잡해지고 스트레스를 받게 된다고 설명한다. 선택지가 많으면 결정을 내리는 것이 더욱 어려워질 뿐만 아니라, 최종적인 선택에 대한 만족도 역시 낮아진다. 이는 더 나은 선택을 하지 못했을 것이라는 후회와 미련이 강하게 작용하기 때문이다.

독서 모임 운영도 마찬가지다. 선택지를 지나치게 많이 주면 구성원들이 고민이 많아지고, 선택을 미루거나 참여 자체를 포기할 가능성이 높아진다. 또한, 운영자는 개별적인 선택을 독려하는 과정에서 불필요한 스트레스를 받을 수밖에 없다. 따라서 리더는 구성원들의 시간을 아껴주고 만족도를 높이기 위해 중요한 선택을 대신해주어야 한다.

리더의 직관과 자질

이처럼 나는 모임 운영에서 내 직관을 많이 따르지만, 그렇다고 참가자들의 의견을 무시하는 것은 아니다. 모임이 끝날 때마다 피드백을 적극적으로 듣는다. 어떤 부분이 흥미로웠는지, 어떤 점이 개선될 수 있는지에 대한 의견을 경청한다.

나는 수많은 행사와 모임을 운영하면서 시행착오를 거듭해 왔다. 그 과정에서 사람들이 어디에 관심이 있는지, 어떤 타이밍에서 분위기를 전환해야 하는지에 대한 감각을 키울 수 있었다. 그리고 오랜 시간 쌓아온 경험을 바탕으로 자신감을 갖고 운영하게 되었다.

이 글을 읽는 독자 중에서도 모임을 운영하는 사람들이 있을 것이다. 그리고 이런 고민을 해봤을지도 모른다. '이건 참여자들에게 물어봐야 할까?' 하지만 나는 말하고 싶다. 실행 속에 답이 있다. 시행착오를 겪어 보고, 때로는 비판도 받아 보면서 성장하는 것이다. 처음부터 완벽한 리더는 없다. 다만, 실행하고 보완하는 리더만 있을 뿐이다.

리더는 모두의 의견을 반영하는 사람이 아니다. 방향을 제시하고, 사람들이 선택의 스트레스를 덜 받도록 도와주는 사람이다. 모임을 운영하는 리더라면, 자신의 선택이 구성원들을 더 자유롭게 만들고 있는지 돌아봐야 한다. 그 선택이 올바른 방향으로 가고 있다면, 구성원들은 자연스럽게 당신을 신뢰할 것이다.

모두가 주인공인 커뮤니티

사람은 누구나 자신이 세상의 중심이다. 내가 존재하지 않는다면, 내 주변의 세상도 존재하지 않는다. 그렇다면 우리가 다른 사람을 대하는 방식에 대한 답도 명확해진다. 상대방을 중요한 사람으로 인식하고, 그를 주인공으로 느끼게 해 주어야 한다. 사람이란 누구나 자신의 존재를 존중받길 원하기 때문이다.

인플루언서조차 어려워하는 커뮤니티

인플루언서들은 영향력이 크기 때문에 사람을 모으는 것

이 비교적 쉽다. 하지만 커뮤니티를 지속적으로 운영하는 인플루언서는 극히 드물다. 유튜브와 독서 모임을 운영한 덕분에 많은 인플루언서들을 만났지만, 그들 대부분은 커뮤니티 운영을 힘들어했다. 이유를 물으면 하나같이 모임 운영이 힘들다고 말한다.

커뮤니티 운영은 신경 쓸 일이 많고, 예기치 않은 변수가 많다. 특히 홍보를 통해 모집하게 되면 모임의 성격에 맞는 사람들을 선별하는 것이 아니라 단순히 팔로워를 모집하기 때문에, 누가 올지 예측하기 어렵다. 게다가 커뮤니티 운영에서 보람을 느끼기는커녕, 특정 사람으로 인해 회의감이 들 때가 많다. 바쁜 일상 속에서 커뮤니티까지 스트레스로 다가온다면, 이를 지속할 이유가 점점 사라지게 된다.

인플루언서들이 커뮤니티 운영을 어려워하는 또 다른 이유는 시선이 한 개인에게 집중되기 때문이다. 커뮤니티는 모임장이 주인공이 되어, 팔로워들이 그 사람만을 바라보는 형태가 되어서는 안 된다. 구성원들이 소속감과 유대감을 느낄 수 있는 장이 되어야 한다. 만약 특정한 한 사람이 계속해서 지식을 전달하는 강연 형태로 운영된다면, 이는 살아 숨 쉬는 커뮤니티라고 보기 어렵다.

살아 숨 쉬는 커뮤니티의 비결

그렇다면 커뮤니티가 일방적인 관계가 아니라 유기적인 상호 관계가 되려면 어떻게 해야 할까? 핵심은 개개인에게 주도성을 부여하는 것이다. 내가 운영하는 독서 모임에서, 나는 발제문을 준비하지만 토론은 구성원들이 주도한다. 어느 한 사람이 강연하는 것이 아니라, 각자의 생각과 경험을 공유하는 방식이다.

이런 환경을 조성하려면 시스템적으로도 세심한 배려가 필요하다. 만약 한 테이블에 20명이 앉아 있다면, 자연스럽게 말 잘하는 몇 명이 발언을 독점하고 나머지는 청중이 된다. 이를 방지하기 위해 나는 참석자가 20명이면 3개 조, 30명이면 4개 조로 나누는 방식을 적용한다. 발화량이 모두에게 골고루 분배되도록 조정하는 것이 핵심이다.

조를 편성하는 방법도 여러 가지가 있다. 첫 번째는 서로의 필요를 연결하는 방식이다. 예를 들어, 전문직 종사자와 마케터를 같은 그룹에 배치하면 서로의 부족한 점을 보완하며 시너지를 낼 수 있다. 두 번째 방법은 정반대의 성향을 연결하는 방식이다. 감성적인 예술가와 논리적인 사업가가 만나면 서로의 시각을 넓혀줄 수 있다. 마지막 방법은 유사한 관심사를 기반으로 그룹을 구성하는 것이다. 같은 업종에 종사하는 사람들끼리, 혹은 같은 취미를 가진 사람들을 연결하면 몰입도가 높아진다.

《설득의 심리학》의 저자 로버트 치알디니는 이렇게 말한다. "사람들은 자신과 비슷한 사람을 좋아한다. 의견, 성격, 배경, 라이프스타일 등에서 공통점을 발견할수록 관계가 더 견고해진다." 이는 커뮤니티를 운영할 때도 적용된다. 유사한 업종에 종사하는 사람들, 혹은 같은 취미를 가진 사람들을 연결해 주면 서로 강한 유대감을 형성할 수 있다.

모두를 주인공으로 만들어라

커뮤니티가 지속되기 위한 또 하나의 중요한 요소는 모임장이 구성원의 가치를 높여주는 것이다. 각자의 목적을 파악하고, 이를 지원하는 방식으로 운영할 때 커뮤니티는 더욱 활성화된다.

예를 들어, 모임 구성원이 책을 출간했다면 적극적으로 홍보해 주고, 유튜브 채널을 운영하면 단체 카톡방에 슬그머니 공유한다. 또한, 식당을 열었다면 모임 멤버들과 함께 찾아가 식사도 하고 응원해준다. 상대방 입장에서 누군가가 해주었으면 하는 것을 커뮤니티에서 해주면 그 고마움은 오래 기억된다. 이러한 작은 행동이 커뮤니티 내에서 강한 신뢰를 형성하고, 구성원들이 지속적으로 모임에 애착을 갖도록 만든다.

커뮤니티가 성장할수록 모임장이 모든 사람과 긴밀한 관계를 맺기는 어렵다. 따라서 중요한 것은 서로가 서로를 좋아하고 교류할 수 있도록 환경을 조성하는 것이다. 내가 이곳에 있음으로써 가치를 얻고, 기쁨을 느낄 수 있어야 한다. 이러한 시스템을 구축하는 것이야말로 커뮤니티 리더가 해야 할 가장 중요한 역할이다.

커뮤니티는 단순한 모임이 아니다. 그곳에서 연결된 사람들이 서로에게 영향을 주고받고, 함께 성장하는 공간이다. 잘 운영되는 커뮤니티는 단순한 네트워크를 넘어 인생의 중요한 동료를 만나는 공간이 된다.

최고의 하루를 선물하라

모임은 축제다

한 시점, 한 공간에 많은 사람들이 함께 모이는 것은 얼마나 소중한 일인가? 우리는 모두 바쁜 일상을 살고 있다. 일과 삶, 그리고 관계 속에서 에너지를 소진하며 하루하루를 보낸다. 이런 바쁜 삶 속에서 여러 사람이 한 날짜에 시간을 내어 모인다는 것은 기적과도 같은 일이다.

그렇기에 모임장은 그 하루를 축제처럼 만들어야 한다. 축제란 반드시 춤과 노래, 불꽃놀이가 있어야 하는 것은 아니다. 중요한 것은 모든 구성원이 즐겁고 따뜻한 시간을 보내며, 그 안에서 의미 있는 깨달음을 얻는 것이다. 그것이 바로 커뮤니티의 진정한 목적이 되어야 한다.

리더의 컨디션이 분위기를 결정한다

이런 뜻깊은 모임을 만들기 위해 가장 중요한 요소는 바로 리더의 컨디션이다. 모임이 다가오면, 그 주간의 일정은 최대한 조정해 정신적으로, 신체적으로 최고의 컨디션을 유지해야 한다. 운동선수들은 단 한 번의 경기를 위해 몇 달 동안 컨디션을 끌어올린다. 그렇다면 모임의 리더는 어떨까? 단순히 아마추어이기 때문에 컨디션 관리를 소홀히 해도 될까? 절대 그렇지 않다.

모임에서 가장 먼저 눈에 띄는 사람은 바로 리더다. 리더의 눈빛, 말투, 태도는 모임 전체의 분위기를 좌우한다. 리더가 에너지가 없거나 준비가 덜 되어 있다면, 그 모임은 활력을 잃기 쉽다. 따라서 모임을 앞두고는 최상의 컨디션을 유지하는 것이 필수적이다.

하나의 원칙을 정하자. 모임이 있기 일주일 전부터는 내가 사용할 에너지의 80%만 쓰고, 몸을 최대한 보호하는 것이다. 과한 일정을 피하고, 과음은 금물이다. 가수는 중요한 공연 전날 감기로 목소리를 못 내면 무대에 설 수 없다. 누구나 중요한 날을 앞두고 컨디션 관리를 하듯, 모임 리더도 마찬가지다.

이미지 트레이닝으로 모임을 설계하라

나는 독서 모임이 있는 전날 밤이면 항상 참석할 구성원들을 떠올린다. 어떤 사람들이 같은 테이블에 앉으면 좋아할까? 어떻게 진행할까? 어떤 유머를 던질까? 이런 고민을 하며 모임을 미리 시뮬레이션하는 과정을 거친다.

이것을 이미지 트레이닝(Emage training)이라고 한다. 운동선수들이 경기 전 시뮬레이션을 하는 것처럼, 모임의 흐름을 미리 머릿속에서 그려보는 것이다. 실제로 이미 머릿속에서 성공한 장면을 반복한 사람은, 현실에서도 높은 확률로 그 상황을 그대로 구현한다.

나는 모임 전날을 이렇게 준비한다.

- 일어나는 시간부터 정한다.
- 어떤 옷을 입고, 어떤 신발을 신을지 미리 준비한다.
- 자신감 있는 표정을 짓고 있는 내 모습을 상상한다.

- 모임 분위기를 살릴 음악을 골라 플레이리스트를 준비한다.
- 스피커를 미리 충전해둔다.

헐레벌떡 늦잠을 자고 대충 옷을 걸쳐 입고 모임에 나서는 것과, 충분한 여유 속에서 완벽히 준비된 상태로 모임을 시작하는 것은 하늘과 땅 차이이다. 리더가 준비된 상태에서 자신감 있게 진행하면, 구성원들은 자연스럽게 안정감을 느낀다.

좋은 발제문이 좋은 모임을 만든다

프란츠 카프카는 말했다. "책이란 무릇, 우리 안에 있는 꽁꽁 얼어버린 바다를 깨뜨리는 도끼여야 한다." 좋은 독서 모임 역시 그렇다. 책을 읽기 전과 후, 그리고 모임을 하기 전과 후는 달라야 한다. 이를 위해서는 서로의 마음을 열어 줄 장치가 필요하다. 그 장치가 바로 잘 짜인 발제문이다.

사람들이 좋아하는 발제문에는 몇 가지 공통된 특징이 있다.

① 경험을 끌어내는 질문이 포함되어야 한다.

사람들은 스토리에 감동하고, 경험을 공유하는 과정에서 서로 가까워진다. 각자의 삶 속에서 어려움을 극복했던 순간들을 나누는 질문을 던지면, 그 자리의 분위기는 자연스럽게 따뜻해진다.

② 새로운 깨달음을 유도해야 한다.

"이 책을 읽고 나서 자신의 삶에 적용하고 싶은 점은 무엇인가요?"와 같은 질문들은 참가자들의 관점을 확장시키고, 자신을 돌아보게 만드는 역할을 한다.

③ 긍정적인 분위기를 만들어야 한다.

질문의 방향이 부정적이면 모임 분위기도 자연스럽게 어두워진다. 책에 대한 부정적인 질문보다는 "책에서 가장 인상 깊었던 구절은 무엇인가요?" 와 같은 질문들로 긍정적인 대화를 유도해야 한다.

결국, 좋은 질문이 좋은 대화를 만들고 좋은 대화는 깊은 관계를 만든다.

모두가 행복한 모임이 되기 위해

커뮤니티는 단순한 모임이 아니다. 한 사람 한 사람이 소중한 시간을 내어 찾아온 자리다. 그렇기에 리더는 그 시간을 헛되지 않도록 최고의 하루를 선물해야 한다.

하지만 한 가지를 꼭 기억해야 한다. 모임장이 행복해야 한다는 것이다. 리더가 스스로 희생하는 방식으로 운영해서는 안 된다.

모임이 끝난 후, "오늘도 많은 사람을 연결해 주었고, 많은 웃음을 주었구나."라는 뿌듯함이 남아야 한다. 그렇다면 그 하루는 리더에게도, 구성원들에게도 선물 같은 날이 될 것이다. 리더에게 모임은 부담이 아니라 놀이여야 한다.

비전을 모두가
공유하고 있는가?

커뮤니티가 지속되기 위해 가장 중요한 것은 무엇일까? 바로 '공동의 목표'다. 단순히 사람들이 모여 대화를 나누는 것만으로는 커뮤니티가 오래 유지되지 않는다. 사람들을 계속해서 하나로 묶어주는 힘은 '이 모임이 왜 존재하는가?'라는 근본적인 질문에서 나온다.

독서 모임은 단순히 책을 읽고 헤어지는 것이 아니라, '우리는 왜 이 책을 함께 읽는가?'에 대한 명확한 목적이 있어야 한다. 목적이 없다면 모임은 방향성을 잃게 된다. 그렇기에 비전은 커뮤니티의 나침반 역할을 한다.

비전이 명확한 커뮤니티는 구성원들이 같은 목표를 바라보게 하며, 일관된 방향으로 나아갈 수 있도록 이끈다. 반면, 비전이 없는 커뮤니티는 지속적으로 방향을 잃고 결국 와해될 가능성이 높다.

커뮤니티의 성장과 함께 진화하는 비전

나는 6년 동안 독서 모임을 운영하면서 이름을 세 번 변경했다. 이 변화는 단순한 타이틀 변경이 아니라, 커뮤니티의 성장과 발전을 반영한 과정이었다.

1단계 : '자유로운 생산자' 독서 모임

첫 번째 이름은 '자유로운 생산자' 독서 모임이었다. 여기서 '자유'란 정신적, 신체적, 경제적 자유를 의미하며, 단순한 소비자가 아닌 '생산자가 되자'는 취지를 담았다.

우리는 매일 기업이 만든 제품을 소비하고, 드라마 감독이 만든 영상을 시청하며, 가수가 부른 노래를 듣는다. 심지어 스포츠조차 직접 하지 않고, 선수들의 경기를 관람하는 것에 그친다. 즉, 우리는 대부분의 삶을 '수동적인 객체'로서 살아간다.

나는 구성원들이 이 모임을 통해 무언가를 창조하는 주체적인 존재가 되었으면 하는 바람이 있었다. 그래서 영상이든 글이든, 자신의 생각을 세상에 남기는 생산자가 되어보자는 취지로 모임을 운영했다. 당시에는 유튜브나 블로그를 하는 사람이 많지 않았지만, 시간이 지나면서 점점 콘텐츠 생산자들이 늘어나기 시작했다.

2단계 : '경제적 자유' 독서 모임

모임이 성장하면서 우리는 자연스럽게 다음 단계로 나아가게 되었다. 사람들이 점차 자신의 콘텐츠를 생산하고, 자신의 가치를 세상에 드러내기 시작했다. 그러나 문제는 그 활동을 지속 가능하게 만들기 위한 경제적 기반이 부족하다는 점이었다.

그래서 우리는 '경제적 자유'를 새로운 화두로 삼았다. 모임의 이름도 '경제적 자유 독서 모임'으로 바꾸고, 사업, N잡, 주식, 부동산 등 돈을 잘 벌 수 있는 방법을 함께 공부하기 시작했다. 경제적 자유는 단순히 돈을 많이 버는 것이 아니라, 더 행복한 삶을 위한 수단이었다. 그러나 시간이 지나면서 '경제적 자유'라는 말이 대중화되었고, 모임의 본질이 이

름만으로 오해받는 순간이 왔다.

3단계 : '자유와 성장' 독서 모임

돈이 인생의 목표가 되어서는 안 된다. 돈은 삶을 더 자유롭고 행복하게 만들기 위한 도구일 뿐, 궁극적인 목적이 될 수 없다. 시간이 지나면서 나는 '경제적 자유' 보다 더 큰 비전이 필요하다는 것을 깨달았다. 그래서 마지막으로 모임의 이름을 '자유와 성장' 독서 모임으로 변경했다.

자유는 처음 시작했던 '정신적, 신체적, 경제적 자유'의 개념을 그대로 유지했다. 그러나 새로운 요소가 추가되었다. 바로 '성장'이다.

나는 성장을 꿈꾸는 사람들을 좋아한다. 그들은 남과 비교하는 대신, 어제의 나와 비교하며 자신을 발전시키는 데 집중한다. 또한 끊임없이 학습하고, 변화에 열린 태도를 유지하며, 도전을 두려워하지 않는다. 성장은 단순히 외적인 성과를 의미하는 것이 아니다. 내면적으로 단단한 사람이 되어가는 과정이기도 하다. 나는 그런 성장을 꿈꾸는 사람들과 함께하는 시간을 소중하게 여긴다.

'자유와 성장'이라는 이름은 단순한 타이틀 변경이 아니다. 삶의 전반적인 균형과 조화를 목표로 한 변화였다. 자유는 출발점이고, 성장은 그 자유를 지속 가능하게 만드는 과정이었다.

비전이 커뮤니티를 성장시킨다

6년 동안 세 번의 이름 변경은 단순한 변화를 넘어, 커뮤니티와 나 자신이 함께 성장한 과정을 보여준다. 나는 이 모임 덕분에 유튜브를 운영하는 직장인에서 사업가로 성장했다. 그리고 더 나아가, '어떤 영향을 주는 사업가가 될 것인가'를 고민하고 있다.

비전은 단순한 방향성이 아니다. 비전은 내부의 사람들을 변화시키고, 외부의 새로운 인연들을 끌어들이는 강력한 힘이 있다. 나는 지인을 초대하기도 하지만, 이제는 기존 구성원들의 소개로 새로운 사람들이 모임에 참여하는 경우가 많아졌다. 오래된 친구라고 해서 내 비전을 이해하는 것은 아니다. 오히려 만난 지 얼마 되지 않은 사람이라도 비전에 공감하면 더 깊은 관계로 발전할 수 있다.

모임을 운영하기 전에, 반드시 커뮤니티의 비전을 세우길 바란다. 비전을 설정하기 위해 다음과 같은 질문을 던져보자.

- 이 커뮤니티가 존재하는 이유는 무엇인가?
- 우리는 어떤 가치를 가장 중요하게 생각하는가?

비전은 언제든 바뀔 수 있다. 그러나 처음부터 비전을 세우고, 그 과정에서 성장하는 것이 중요하다. 비전은 단순한 목표가 아니다. 그것은 커뮤니티의 존재 이유이며, 구성원들이 함께 나아갈 방향이다.

커뮤니티를 운영하고 싶다면, 비전을 먼저 설정하고 그 비전을 공유할 사람들과 함께 하자. 그러면 커뮤니티는 단순한 모임을 넘어, 지속 가능한 성장의 장이 될 것이다.

커뮤니티는 각자의 절실함을 채워주어야 한다

사람들은 단순한 친목이나 여가만을 위해 커뮤니티에 참여하지 않는다. 그들이 궁극적으로 원하는 것은 자신의 삶에서 부족한 부분을 채우고, 더 나은 삶으로 나아가는 것이다. 커뮤니티는 단순한 만남의 장을 넘어, 각자가 절실히 원하는 목표를 이루기 위한 플랫폼이 되어야 한다.

이때, 리더의 역할이 결정적이다. 리더는 구성원들의 필요와 절실함을 파악하고, 이를 충족할 수 있는 환경과 기회를 제공해야 한다. 커뮤니티가 지속적으로 성장하려면, 단순한 모임을 넘어 구성원 개개인이 성장하고 있다고 느낄 수 있어야 한다.

구성원의 절실함을 파악하는 방법

구성원의 필요를 이해하는 가장 기본적이고 효과적인 방법은 대화와 질문이다. 단순히 묻는 것이 아니라, 구성원의 고민과 목표를 진정으로 이해하고 싶다는 태도를 전달하는 것이 중요하다. 나는 종종 이렇게 질문한다.

"최근에 가장 고민하고 있는 문제는 무엇인가요?"
"제가 도울 수 있는 일이 있을까요?"

이 질문들은 단순한 형식적인 질문이 아니라, 리더가 구성원의 필요를 경청하는 태도를 보여주는 중요한 도구다. 비록 즉시 해결해줄 수는 없더라도, 기억해 두었다가 나중에 적절한 기회에 도움을 줄 수도 있다.

또한, 대화뿐만 아니라 행동을 관찰하는 것도 중요하다.

- 어떤 주제에서 가장 열정을 보이는가?
- 반복적으로 언급하는 고민이나 목표는 무엇인가?

- 어떤 순간에 가장 즐거워하는가?
- 누구와 있을 때 가장 생기 있는 모습을 보이는가?

이러한 작은 단서들을 통해 각 구성원이 진정으로 원하는 것이 무엇인지 파악할 수 있다.

또한, 다른 사람들의 피드백을 활용하는 것도 좋은 방법이다. 나는 모임이 끝난 후 다양한 사람들의 이야기를 들으며, 특정 구성원의 특징과 필요를 파악하는 데 도움을 얻는다. 이는 단순한 분석이 아니라, 커뮤니티를 더욱 오래 지속시키고 구성원들이 진정으로 원하는 것을 찾기 위한 과정이다.

리더는 사람을 연결하는 큐레이터다

구성원의 절실함을 이해했다면, 이제 그것을 채워줄 방법을 고민해야 한다. 가장 쉬운 방법은 리더가 직접 도움을 주는 것이다. 하지만 시간이 지나면서 구성원이 많아지면, 니즈들이 다양해 지기에 리더 혼자 해결하는 것은 비효율적이다.

그렇기 때문에 리더는 사람을 연결하는 큐레이터 역할을

해야 한다. 커뮤니티의 가장 강력한 가치는 구성원 간의 연결이다. 사람들은 각자 해결해야 할 과제나 이루고 싶은 목표를 가지고 있다. 리더는 이들의 필요를 파악하고, 적절한 사람을 연결해주는 다리 역할을 해야 한다.

나는 구성원을 소개할 때 그들의 강점을 대신 말해주는 전략을 활용한다. 모든 사람은 타인에게 인정받고 싶어 하는 욕구가 있지만, 자신의 강점을 스스로 말하는 것은 쑥스러워한다. 그래서 나는 구성원의 강점과 특별한 점을 자연스럽게 소개하는 역할을 한다.

예를 들어, "이 분은 마케팅 업력이 오래 되었고, 확실한 전문성을 갖고 있습니다."라고 말해주면, 상대방은 그 사람에 대한 기대감을 가지게 되고, 본인도 자연스럽게 자신을 어필할 수 있는 분위기가 조성된다. 처음에는 부끄러워하더라도, 결국에는 고맙다는 말을 많이 듣게 된다.

커뮤니티는 성장의 장이다

리더는 구성원이 자신의 목표를 이루는 데 실질적인 도움을 줄 수 있어야 한다. 이를 위해 교육과 네트워킹 기회를 제공하는 것이 효과적이다.

나는 독서 모임 내에서 종종 유튜브, 블로그, SNS 마케팅, 사업 세미나 등 실질적인 교육 프로그램을 기획한다. 이 과정에서 가장 좋은 점은, 외부 강사를 초빙하지 않아도 내부 구성원들만으로도 충분한 교육이 가능하다는 점이다. 각자의 분야에서 뛰어난 경험을 가진 사람들이 모여 있기 때문에, 서로 배우고 돕는 환경이 자연스럽게 형성된다. 모임 내에서 새로운 협업이 생기고, 함께 성장하는 모습을 보면 그 뿌듯함은 이루 말할 수 없다.

결국, 리더는 커뮤니티를 운영하는 사람이 아니라, 구성원들의 성장을 돕는 큐레이터다. 커뮤니티가 구성원들의 성장을 지원하고, 구성원들이 서로 도울 수 있는 환경을 만든다면, 커뮤니티는 오랫동안 강한 생명력을 유지할 수 있다.

성장이 지속되는 커뮤니티, 그 중심에는 사람을 연결하는 리더가 있다.

5장

리더십이 커뮤니티를 완성시킨다

결국 리더십이 본질이다

커뮤니티의 지속 가능성을 결정짓는 가장 중요한 요소는 무엇일까? 그것은 바로 리더의 역량이다. 커뮤니티는 저절로 성장하지 않는다. 주최자가 어떤 생각을 가지고 모임을 만들었는지, 어떤 사람들을 모을 것인지, 그리고 어떤 방향으로 이끌 것인지에 따라 모임의 성격은 180도 달라진다.

나는 어릴 때부터 '리더'라는 존재에 관심이 많았다. 다양한 커뮤니티를 만들어 보기도 하고, 여러 모임에 참여하면서 깨달은 점이 있다. 커뮤니티의 핵심은 결국 리더십이라는 것이다. 같은 주제를 다루는 모임이라도 리더의 태도와 운영 방식에 따라 전혀 다른 분위기와 성격을 가지게 된다. 그렇다면, 커뮤니티를 지속적으로 성장시키는 리더십에는 어떤 요소가 필요할까?

커뮤니티 리더십의 핵심요소

1. 진정성

가장 중요한 요소는 리더의 진정성이다. 리더가 커뮤니티를 어떤 마음으로 운영하는지에 따라, 구성원들이 느끼는 신뢰도와 소속감이 극명하게 달라진다.

한 가지 흥미로운 사례가 있다. 한 지역에서 직장인 모임이 있었는데, 이 모임은 리더가 자신의 배우자를 찾기 위해 운영되었다. 여성 회원들은 모임에 잘 받아준 반면, 남성 회원들은 유난히 까다롭게 받았다. 결국 그 리더는 이 모임에서 배우자를 만났고, 모임은 자연스럽게 사라졌다. 운영자의 개인적인 목표가 우선될 경우 이런 현상이 일어날 수 있다.

진정성 있는 리더는 자신의 단기적인 이익이 아니라 커뮤니티의 장기적인 가치에 초점을 맞춘다. 이것은 커뮤니티 리더가 가져야 할 첫 번째 덕목이다.

2. 운영 능력과 전략적 사고

리더십에서 두 번째로 중요한 요소는 모임을 효과적으로 운영할 수 있는 전략적 사고다. 리더는 단순히 사람들을 모으는 것이 아니라, 모임의 방향성을 명확히 설정하고, 지속적인 성장을 위한 구조를 만들어야 한다. 철저한 준비는 성공적인 커뮤니티 운영의 핵심이다.

나폴레옹은 전쟁에 임하기 전에 그 전투를 수십 번, 수백 번 이상 머릿속에서 시뮬레이션했다고 한다. 그는 전쟁에서 벌어질 수 있는 모든 가능성을 검토하고, 예상되는 변수에 대한 대책을 마련했다. 이처럼 커뮤니티 리더도 '운영 시뮬레이션'을 많이 돌려봐야 한다.

나는 모임을 운영할 때 10분, 30분, 1시간 단위로 모임의 시간과 흐름을 계획하며, 어떻게 모임을 진행해 나갈지 머릿속으로 그려본다. 또한 참석자가 많을 경우나 갑자기 시간이 부족할 경우엔 어떻게 대처해야할지도 상상해본다.

커뮤니티를 단순히 시간을 채우는 모임으로 만들면 안된다. 구성원들이 몰입하고, 유의미한 경험을 할 수 있는 구조를 설계하는 것. 그것이 리더의 역할이다. 철저한 준비와 전략적 운영이 뒷받침될 때, 커뮤니티는 단순한 모임을 넘어 지속 가능한 플랫폼으로 성장할 수 있다.

3. 관찰력

사람이 많아지면 갈등도 자연스럽게 발생한다. 구성원 간의 의견 충돌, 개인적인 관계 변화, 비즈니스 협력 과정에서의 마찰 등 다양한 변수가 생길 수 있다.

리더가 모든 문제를 해결할 수는 없지만, 문제가 커지기 전에 사전에 예방할 수는 있다. 구성원 간 긴장감을 빠르게 감지하고, 필요에 따라 적절한 경고나 조치를 취해야 한다. 갈등이 발생하면 수습하는 데 많은 시간과 에너지가 들 뿐만 아니라, 커뮤니티 분위기에도 안 좋은 영향을 미칠 수 있기 때문이다.

이를 위해 신규 회원을 초대할 때부터 레퍼런스 체크를 해야 한다. 단순히 관심사가 비슷하다는 이유로 누구나 받을 것이 아니라, 커뮤니티의 성격에 맞는 사람인지 신중하게 판단해야 한다. 커뮤니티의 본질과 맞지 않게 비즈니스적 목적이 강하거나, 혹은 이성과의 만남이 주된 목적이라고 판단되는 경우에는 가입을 제한하는 것이 바람직하다.

좋은 리더가 좋은 커뮤니티를 만든다

리더십은 단순히 사람을 모으고, 모임을 유지하는 것에서 끝나지 않는다. 리더의 가치관과 태도, 그리고 운영 방식이 커뮤니티의 성격을 결정한다.

잘 운영되는 커뮤니티는 단순한 네트워크 이상의 가치를 가진다. 사람들에게 영감을 주고, 성장을 독려하며, 더 나아가 개인의 삶에 긍정적인 변화를 만들어낸다. 하지만 이러한 결과는 우연이 아니라, 리더의 헌신과 진정성, 그리고 운영 전략에서 비롯된다.

결론적으로, 리더십은 커뮤니티의 현재를 넘어 미래까지 결정하는 요소다. 리더가 어떤 사람이고, 어떤 가치를 추구하며, 어떤 방식으로 커뮤니티를 이끌어 가는지가 커뮤니티의 생명력을 좌우한다. 지속 가능한 커뮤니티를 꿈꾸는 리더라면, 자신의 책임과 영향력을 늘 되새기며, 더 나은 방향으로 나아가기 위해 끊임없이 고민해야 한다.

리더십은 상황마다 다르다

좋은 리더란 어떤 사람일까? 그리고 시대와 환경이 변할수록 리더십도 달라져야 할까? 나는 어릴 때부터 이 질문을 품어왔다. "멋있는 리더가 되려면 어떻게 해야 할까?"라는 고민은 나를 역사와 위인의 이야기로 이끌었고, 리더십을 깊게 공부하고 싶다는 생각에 정치외교학을 전공하게 되었다.

사람들이 나에게 가장 존경하는 인물이 누구냐고 묻는다면 나는 항상 이순신 장군을 꼽는다. 그는 철저한 전략과 리더십으로 23전 23승이라는 전무후무한 승리를 거두었으며,

국가와 백성을 위한 충성심을 끝까지 지켰다. 또한, 자신과 함께 싸운 전우들을 누구보다 아꼈다. 그의 리더십은 강인함과 헌신, 그리고 탁월한 전략이 결합된 완벽한 모델이었다.

하지만 가끔 이런 엉뚱한 상상을 해본다. 만약 이순신 장군이 오늘날 환생한다면 그는 어떤 삶을 살았을까? 육군사관학교를 졸업하고 멋있는 장교가 되었을까? 아니면 엘리트 관료로 성장했을까? 또한, 만약 그가 독서 모임을 운영하거나 스타트업에서 일했다면, 과연 지금 시대에도 최고의 리더가 될 수 있었을까?

리더십에는 정답이 없다

리더십은 시대와 환경에 따라 달라져야 한다. 이순신 장군이 전쟁에서 보여준 강한 리더십과 현대 사회에서 필요한 부드러운 리더십은 같은 방식으로 적용될 수 없다.

나 역시 군대에서 소대장을 맡았을 때와 지금 독서 모임을 운영할 때의 리더십은 완전히 다르다. 군대에서는 신속한 결정과 효율적인 지휘가 필요하다. 하지만 커뮤니티 운영에서는 사람들이 공감하고 즐길 수 있는 유연한 리더십이 요구된다.

나는 독서 모임을 운영할 때 가능하면 참가자들이 더 많이 이야기하도록 유도한다. 발언이 적은 사람에게 먼저 말을 걸어 참여를 유도하기도 하고, 눈빛과 표정을 보면서 그들이 의견을 내고 싶은 상태인지 아닌지를 빠르게 파악한다. 누군가는 아직 생각이 정리되지 않아 말을 아낄 수도 있다. 이런 미묘한 차이를 읽어내는 것이 리더의 역할이다.

또한, 새로 온 참가자나 어색해하는 사람들은 공통 관심사를 가진 멤버와 연결해준다. 이렇게 하면 자연스럽게 모임에 녹아들 수 있다. 반면, 이미 활발하게 교류하는 '인싸'들은 크게 신경 쓰지 않아도 된다. 하지만 내향적인 사람들은 보다 적극적으로 배려해야 한다. 이것이 커뮤니티 리더가 가져야 할 섬세한 관찰력이다.

반대로, 때로는 단호한 태도를 유지해야 할 순간도 있다. 예를 들어, 대화를 독점하는 사람이 있을 경우, 자연스럽게 흐름을 조정하여 다른 사람들도 발언할 기회를 가질 수 있도록 만든다. 또한, 모임 분위기를 해치는 행동을 하는 사람이 있다면 조용히 메시지를 보내거나 개별적으로 이야기하는 방식으로 주의를 준다.

강하기만 한 리더는 주변을 경직되게 만들고, 부드럽기만 한 리더는 방향성을 잃을 수 있다. 결국, 중요한 것은 균형 감각과 상황을 읽어내는 힘이다.

최고의 리더십이란?

결국, 최고의 리더십이란 존재하지 않는다. 상황과 환경에 따라 가장 적절한 리더십이 있을 뿐이다. 강한 리더십이 필요한 순간이 있고, 부드러운 리더십이 필요한 순간이 있다. 중요한 것은 상황을 읽어내고, 그에 맞게 유연하게 대처할 수 있는 능력이다.

강하기만 하면 부러지기 쉽고, 부드럽기만 하면 흔들리기 쉽다. 하지만 균형 감각을 갖춘 리더는 사람들을 더 멀리, 더 오래 이끌어갈 수 있다.

리더란 결국, 변화를 디자인하는 사람이다.

퍼실리테이터로서의 리더

좋은 리더는 말을 많이 해야 할까, 아니면 들어야 할까?

리더십 스타일은 사람마다 다르다. 어떤 리더는 자신이 쌓아온 풍부한 지식을 바탕으로 참여자들에게 새로운 관점을 제공하는 방식으로 이끈다. 반면, 어떤 리더는 스스로 말하는 시간을 줄이고, 참여자들이 더 많이 이야기하도록 유도하는 스타일을 선호한다.

이 두 가지 방식은 각각의 장단점이 뚜렷하며, 어느 하나가 절대적으로 옳다고 단정할 수 없다. 중요한 것은 어떤 스타일이든 커뮤니티의 목적과 분위기에 적절하게 적용되어야 한다는 점이다.

1. 정보 전달형 리더십 : 배움의 장을 만드는 리더

이 스타일을 가진 리더는 자신의 깊은 지식과 통찰을 바탕으로 참여자들에게 영감을 주고, 새로운 시각을 제시하는 역할을 한다. 이런 리더는 핵심적인 정보와 인사이트를 제공하기에 참여자들은 짧은 시간 내에 깊이 있는 내용을 학습할 수 있다는 장점이 있다.

하지만 이러한 방식에는 한 가지 단점이 있다. 모임이 리더 중심으로 돌아가다 보면, 참여자들이 소극적으로 변하고 단순한 '청중'이 될 위험이 있다. 결국 강의 형식의 모임이 되어버리면 참여자 간의 상호작용이 줄어들고, 네트워킹의 기회가 제한될 수 있다.

2. 참여 유도형 리더십 : 대화의 장을 만드는 리더

이 스타일의 리더는 말하는 것을 최소화하고, 참여자들이 스스로 이야기할 수 있도록 돕는 역할을 한다. 이런 리더는 주도성을 부여하기 때문에, 참여자들이 대화 속에서 자신의 생각을 정리하고 표현하면서 스스로 성장할 수 있는 기회를 얻는다. 또한, 특정한 한 사람의 의견이 아니라, 여러 사람의 경험과 사고방식이 교차하면서 더욱 풍성한 토론이 이루어진다.

그러나 이 방식 역시 완벽하지 않다. 참여자들 간의 발언 기회가 공평하게 배분되지 않으면 누군가는 대화에서 소외될 수 있으며, 논의가 비효율적으로 흘러갈 수도 있다.

그렇다면 이 두 가지 리더십을 균형 있게 운영하는 방법은 무엇일까?

커뮤니티라는 오케스트라의 지휘자, 리더

커뮤니티에서 가장 경계해야 할 것은 모임이 특정 한 사람만을 위한 장으로 변질되는 것이다. 누군가가 대화를 독점하거나, 개인적인 이야기만 계속 늘어놓는다면 다른 참여자들은 점점 흥미를 잃고 소외감을 느끼게 된다. 이런 현상이 반복되면 커뮤니티의 분위기는 무거워지고, 결국 참여율이 저하된다.

리더는 단순히 '말하는 사람'이 아니라, 대화를 조율하는 퍼실리테이터(Facilitator)가 되어야 한다. 그렇다면 퍼실리테이터로서의 리더는 어떤 역할을 해야 할까?

① 발언 기회의 균형을 조정하라

참여자들 간의 발언 기회가 공평하게 분배되지 않으면 일부는 말할 기회를 놓치고, 일부는 대화를 독점하게 된다. 리더는 자연스럽게 참여를 유도할 수 있어야 한다. 예를 들어, "이 부분은 A님이 경험이 많으신 것 같은데, 의견을 나눠주실 수 있을까요?"라고 하면 내향적인 사람도 부담 없이 대화에 참여할 수 있다.

이런 방식으로 대화를 이끌어가면 소외되는 사람이 없도록 조율할 수 있고, 참여자들도 '존중받고 있다'는 느낌을 받을 수 있다. 하지만 주의해야 할 점은 그 사람의 이야기가 누군가에게는 유익할 수도 있다는 것이다.

리더는 전체적인 분위기를 읽고, 대다수의 참여자들에게 도움이 되는지 여부를 판단해야 한다. 만약 특정한 두 사람이 깊이 있는 논의를 이어가고 있다면, 그들에게 별도의 만남을 제안하는 것도 좋은 방법이다. 이처럼 리더는 모임의 균형을 유지하면서도, 모든 사람이 유의미한 시간을 보낼 수 있도록 배려해야 한다.

② 리더는 분위기를 조성하는 사람이다

리더는 단순히 대화를 조정하는 것이 아니라, 모임의 분위기를 주도하는 역할을 한다. 그렇기 때문에 참여자의 이야기를 경청하고 적극적인 리액션을 보여야 한다. 누군가 꺼내기 어려운 이야기를 했을 때는 "말하기 힘드셨을 텐데 이런 이야기를 나눠주셔서 감사합니다."라고 감사를 표현하자. 이 얘기를 들은 참여자 또한 감사해 할 것이고, 모임에 대한 애정이 더 깊어질 것이다.

대화가 너무 무겁게 흘러갈 때는 적절한 유머를 통해 분위기를 환기시킬 필요가 있다. 때로는 가벼운 농담 하나가 긴장을 풀어주고, 참여자들이 더욱 편안하게 대화에 몰입할 수 있도록 돕는다. 센스 있는 유머는 커뮤니티의 분위기를 살리는 윤활유 역할을 한다.

완벽한 커뮤니티는 없다. 하지만 참여자 한 명 한 명이 '이 모임은 편안한 곳이다'라고 느낄 수 있다면, 그것만으로도 성공한 커뮤니티다. 리더는 이를 위해 끊임없이 경청하고, 균형을 조정하며, 모두가 주인공이 되는 무대를 만들어가야 한다.

리더는 타고나는 것일까?

리더는 태어나는 걸까, 만들어지는 걸까?

많은 사람들이 궁금해하는 질문이자, 나 역시 늘 품고 있는 의문이다. 나는 리더십에는 타고난 요소가 분명 존재한다고 생각한다. 가정 환경, 지능, 외모 등의 요인은 무시할 수 없는 부분이다. 하지만 선천적인 요소만이 리더를 결정짓는 것은 아니다. 후천적인 노력으로 충분히 변화시킬 수 있는 부분들이 훨씬 더 많다.

인상, 분위기, 목소리, 태도, 지식, 그리고 관계 등 이 모든 것은 의식적으로 훈련하고 개선할 수 있다. 리더십 역시 마찬가지다. 내향적인 성격이든 외향적인 성격이든, 사람을 대하는 능숙함은 다양한 경험과 시행착오를 통해 충분히 길러질 수 있는 역량이다.

그렇다면, 위대한 리더들은 어떤 과정을 거쳐 성장했을까? 우리는 에이브러햄 링컨의 삶에서 그 답을 찾을 수 있다.

링컨이 보여준 후천적 리더십의 힘

미국의 16대 대통령, 에이브러햄 링컨은 미국인들이 가장 존경하는 대통령 중 한 명으로, 리더십은 타고나는 것이 아니라 노력과 경험을 통해 길러질 수 있음을 증명한 대표적인 사례다

그는 가난한 농가에서 태어나 정규 교육을 제대로 받지 못했다. 하지만 책을 통해 독학하며 법률가와 정치가로 성장했다. 그리고 남북전쟁이라는 역사적 위기 속에서 나라를 하나로 묶기 위해 끊임없이 소통하고, 때로는 단호한 결정을 내리는 리더로 자리매김했다.

그러나 처음부터 링컨이 온화하고 지혜로운 리더였던 것은 아니었다. 젊은 시절, 링컨은 직설적이고 논쟁적인 태도

로 인해 주변 사람들과 갈등을 빚기도 했다. 풍자적이고 신랄한 편지를 쓰거나, 상대방을 조롱하는 유머를 사용하다가 원한을 사기도 했다. 심지어 신문에 실린 그의 비꼬는 글로 인해 결투 신청을 받은 적도 있었다.

이 경험을 통해 그는 중요한 교훈을 얻었다. 그는 점차 자신의 감정을 절제하는 법을 배우고, 공감과 설득에 기반한 리더십을 익히며, 더 성숙한 지도자로 성장해 갔다.

링컨의 삶은 리더십이 후천적인 노력과 자기 성찰, 끊임없는 학습을 통해 길러질 수 있음을 보여준다. 그렇다면 우리는 어떻게 리더십을 키울 수 있을까?

자리가 사람을 만든다

나는 어릴 때부터 리더의 자질을 갖춘 사람이 전혀 아니었다. 초등학교 저학년 때까지만 해도 피아노만 치는 조용한 아이였다. 아직도 기억나는 순간이 있다. 초등학교 1학년 때, 반장 친구가 반 친구들을 이끌고 노래와 춤을 추는 모습을 보며 "어떻게 저렇게 당당할 수 있지?" 하고 놀랐던 기억이다.

아버지는 수줍기만 한 내 성격이 안타까웠는지 피아노를

그만두게 하고, 강제로 합기도 체육관에 보냈다. 어머니는 반장선거에 나가보라고 권하셨지만, 내성적인 나는 1~3학년 내내 단 한 번도 반장은커녕 부반장도 되지 못했다.

그러나 변화는 4학년 때부터 시작되었다. 부반장으로 당선되면서 리더의 역할을 경험하게 되었고, 이후 반장, 전교 부회장, 고등학교 전교 회장까지 맡게 되었다.

나는 '자리가 사람을 만든다'는 말을 전적으로 신뢰한다. 사람이 특정 위치에 오르면 그 자리에서 요구하는 역할과 기대가 생기고, 이에 부응하기 위해 행동과 사고방식을 조정하게 된다.

난 처음으로 4학년 부반장이 되었을 때, 어머니께 "엄마가 하라고 해서 부반장이 됐는데, 나 잘할 수 있을까?" 하고 걱정했던 기억이 난다. 하지만 시간이 지나면서 리더의 역할이 익숙해졌고, 자연스럽게 나 자신이 변화하고 있음을 느꼈다.

고등학교 전교 회장, 군대에서의 소대장 역할 역시 처음엔 부담스러웠다. 하지만 그 낯선 경험들은 나를 성장시키는 중요한 계기가 되었다.

리더십은 익숙해지는 것이다

사람들은 내가 100명이 넘는 독서 모임을 운영하는 것을 보고 부담스럽지 않냐고 묻는다. 사실 부담스럽지 않다면 거짓말이다. 하지만 이젠 이 책임감이 익숙하다.

리더는 부담스러운 자리이지만, 그만큼 도전을 통해 성장할 수 있는 기회를 제공한다. 처음에는 불안하고 두려울 수 있다. 하지만 문제를 해결하고, 책임을 감당하는 과정에서 우리는 스스로 예상하지 못했던 잠재력을 발견하게 된다.

리더는 조직과 구성원의 더 나은 미래를 위해 존재한다. 하지만 그 과정에서 누구보다도 먼저 성장하는 사람은 바로 리더 자신이다. 리더십은 타고나는 것이 아니라, 끊임없는 도전과 경험 속에서 길러진다. 그리고 그 길을 걷는 순간, 우리는 생각보다 더 강한 사람이 되어 있을 것이다.

6장

회사도 결국 커뮤니티다

나의 하루,
몰입되고 있는가?

앞에서 다양한 커뮤니티 내용을 다뤘지만, 우리는 알게 모르게 커뮤니티의 일부로 살아가고 있다. 바로 우리가 일하고 있는 회사 자체가 하나의 커뮤니티이기 때문이다. 회사는 공통된 목표와 가치를 공유하며 협력하는 커뮤니티이자, 개인에게 소속감과 정체성을 제공하는 공간이기도 하다. 회사는 우리가 아침부터 저녁까지 가장 많은 시간을 보내는 곳으로, 일상에서 가장 가깝고도 중요한 커뮤니티다. 그렇기에 회사에서 보내는 시간과 일이 개인에게 만족감을 줄 수 있어야 한다.

만약 내가 속한 회사에서 성취감이나 몰입감을 느끼지 못한다면, 하루는 그저 지루하게 흘러가는 시간이 되고, 퇴근 시간만을 기다리게 될 것이다. 일본의 교세라 창업자이며 전 세계적으로 가장 널리 알려진 CEO 중 한 사람인 이나모리 가즈오는 《왜 일하는가》라는 그의 저서에서 의미심장한 질문을 한다.

"왜 그 일을 하는가? 그 일을 통해 당신은 무엇이 되길 꿈꾸는가?"

나에게 맞는 옷을 입고 있는가?

회사라는 커뮤니티는 우리 삶에 가장 큰 영향을 미치며, 그 안에서의 경험이 우리의 하루와 삶의 질을 결정짓는 중요한 요소가 된다. 그렇기 때문에 내가 속한 회사라는 커뮤니티가 나에게 잘 맞는 옷인지 점검해 볼 필요가 있다. 나는 총 9년 동안 회사에서 일했지만, 본업을 통해 자아실현 했던 시간은 많지 않았던 것 같다.

물론 좋았던 시간, 감사했던 시간, 소소하게 행복했던 시간이 있었던 것은 분명히 맞지만 돌이켜보면 일에서 행복감을 느꼈던 시간보다 그렇지 않았던 시간이 더 많았다. 크리에이티브한 업무, 영업이나 마케팅처럼 성과 측정이 눈에 보였던 업무는 내가 시간이 가는 줄 모르고 몰입했지만, 절차가 많고 반복적인 업무는 많이 어려워했다. 그러나 내가 힘들었던 업무라고 해서 남들에게 다 안 맞는 것도 아니었다. 나는 참 어려웠는데 누군가는 어렵지 않게 잘 수행하는 것을 보면서 사람마다 타고난 재능이 다르다는 것을 많이 느꼈다.

현재 나는 유튜브 영상 제작 회사를 만들어서, 창의적이고 성과가 곧바로 눈에 보이는 업무를 하고 있다. 내가 강점 영역이라고 생각했던 분야의 일을 하니 직장생활 할 때보다 일상의 만족도는 훨씬 높다. 몰입해서 일을 하니 성과도 따라오는 것을 느낀다.

물론 좋아하는 일을 한다고 해서 매 순간 행복한 것은 아니다. 매일이 새로운 기획의 연속이기 때문에 머리 아플 일도 많고, 조회수로 성과 측정이 바로 나오기 때문에 긴장되는 날도 많다. 그럼에도 불구하고 나의 하루는 몰입되고 있음을 느낀다. 일하다 보면 시간이 빨리 지나간다. 그리고 기존 클라이언트로부터, 그리고 함께 일하는 사람들로부터 감사하다는 얘기를 들으면 그것만큼 보람찬 게 없다. 나에게 맞는 옷을 입고 있는 지금, 내 인생은 그 어느 때보다 충만하다.

변화는 익숙한 것과의 결별에서 시작된다

내가 하고 있는 일이 나와 맞지 않는다고 해서 대안 없이 바로 퇴사하면 안 된다. 시간이 흐를수록 적응을 해서 나아지는 경우도 있기 때문이다. 그러나 중요한 것은 미래다. 10년이 지나도, 20년이 지나도 내가 속한 곳에서 내 업에 대한 만족을 못 느낄 것 같다면 이직을 생각해 볼 필요가 있다.

그런데 이직이 말처럼 쉬운 것은 아니다. 내가 좋아하고 잘하는 업을 선택할 때 연봉이 높아지면 그것보다 베스트는 없겠지만, 그 반대의 경우는 정말 큰 고민이 될 수밖에 없다. 내가 선택을 함으로써 포기하게 되는 것이 많아지는, 즉 기회비용이 커지면 변화를 결심하기 어렵다. 게다가 이직을 한다고 내 미래가 나아질지 누구도 보장해 주지 못한다. 익숙한 것과의 결별은 너무도 무섭고, 늘 불안하다. 그래서 준비를 해야 한다. 내가 좋아하고 잘하는 것이 무엇인지 알아내야 하고, 나의 실력과 포트폴리오를 쌓아가야 한다. 미래에 대한 확신이 없는 것은 내가 준비가 부족하기 때문이다.

유튜브에서 어느 강사가 한 이야기가 떠오른다.

"여러분, 수능 보면 떨리겠죠? 그런데 시험을 구구단으로 본다면 떨릴까요? 여러분이 실력이 있고 준비가 되어 있으면 덜 긴장될 거예요"

유튜브 쇼츠를 보며 무릎을 '탁' 쳤던 영상이었다. 내가 무엇을 좋아하고 잘하는지에 대한 앎과 확신이 있다면 미래에 대한 불안함을 끌어안을 수 있을 것이다. 내가 정말 하고 싶은 것이 생겼다면, 그리고 경제적인 문제도 어느 정도 해결할 수 있다면 과감하게 결정 내려 보자. 미래에 대한 기대감을 살짝만 내려놓으면 생각보다 결정이 쉽다. 제로로 돌아간다고 결심하면 오히려 무엇이든 해낼 수 있겠다는 용기가 생긴다.

회사는 직원들의 꿈을 이뤄주고 있는가?

물론 개인의 일에 대한 만족도를 100% 개인의 책임으로 볼 순 없다. 회사는 직원들의 강점 영역에 맞춰 직무를 배치해 커리어 발전을 도와줘야 한다. 경영학의 아버지 피터 드러커는 "목표를 달성하는 경영자는 발령을 내거나 승진을 시킬 때 그 사람이 가장 잘할 수 있는 일이 무엇인가를 판단

기준으로 삼아야 하고, 사람들의 강점을 활용해 조직의 생산성을 높여야 한다"라고 강조한다. 또한《위대한 나의 발견 강점혁명》의 저자 도널드 클리프턴과 톰 래스는 "개인이 행복해지려면 강점을 찾아야 한다"라고 말한다. 이렇듯 강점 영역에 의한 인사 배치는 개인과 조직 모두 윈윈의 거래이며, 서로가 함께 노력해야 할 부분이다.

현재 우리 회사에 맡겨주고 있는 클라이언트가 많아지면서, 많은 제작자분들과 함께 일하고 있다. 나는 업무 배치에 있어 꼼꼼히 신경 쓰는 타입인데, '알아서 편집 잘해주겠지'가 아니라 제작자 한 분 한 분 고유한 특성을 살려주려고 노력하고 있다.

누군가는 예능적 요소의 편집을 좋아할 수 있고, 또 다른 누군가는 정보전달 주제를 좋아할 수 있다. 또한 컷 편집을 잘하는 사람이 있고, 디자인 편집을 잘하는 사람이 있다. 클라이언트마다 영상의 성격이 다르기 때문에 제작자분들의 강점에 맞춰 배치해야 한다. 그리고 혹시나 클라이언트가 결과에 만족하지 못한다면 모든 것은 내 책임이다. 내가 제작자의 성향을 고려하지 못했고 꼼꼼히 피드백해서 완벽한 결과물을 못 만들었기 때문이다.

회사에서 “당신은 왜 이것밖에 못하세요?”란 말은 표면적으론 상대방을 깎아내리지만, 그것은 나 스스로 나를 욕하는 것이기도 하다. 리더는 나와 함께하는 동료들의 부족함이 무엇인지 파악해서, 어떻게 하면 그것을 보완하고 도와줄 수 있는지 고민해야 한다. 그렇게 해서도 좋지 않은 결과가 나왔다면 리더는 그것을 자신의 잘못으로 끌어안고 책임질 수 있어야 한다.

난 제작자분들께 종종 묻는다.

“맡고 있는 영상은 재밌으세요?”

나는 나와 함께 일하고 있는 사람들이 그저 돈만을 위해서 일하진 않았으면 좋겠다. “대표님, 이 영상은 제가 참 좋아하는 주제 영상이에요. 이런 종류의 영상 편집을 하면 재밌어요”라는 얘기를 들으면 정말 행복하다. 내가 누군가를 기쁘게 하고 있다는 사실은 나를 살아있을 가치가 있는 존재로 만든다. 물론 내가 다녔던 회사에 비해서 이제 막 만든 회사는 너무 작고, 미약하다. 하지만 나는 이 작은 회사를 ‘일하기 좋은 회사’로 만들고 싶다. 지금도 부족하고 앞으로도 부족할 것이다. 그러나 계속 노력하는 리더이고 싶다.

리더가 바로 서야, 조직이 바로 선다

내가 존경하는 최고의 리더, 이순신

난 어렸을 적부터 리더에 대해서 관심이 참 많았다. 역사 속 위인들의 좌절을 딛고 일어난 스토리는 내가 힘들 때마다 늘 위로와 영감을 주었다. 우리나라 역사에 정말 많은 영웅들이 있었지만, 누군가 나에게 최고로 존경하는 사람이 누구냐고 질문하면 난 단연코 이순신 장군을 뽑고 싶다.

"전쟁의 승패는 병참이 결정한다"란 말이 있을 정도로 전쟁에선 식량, 무기, 물자 등 군수지원이 매우 중요하다. 그런데 이순신 장군은 일본군과의 해상전 승리를 통해 보급로를 차단함으로써 왜군이 조선 내륙에서 장기간 작전을 수행하지 못하도록 만들었다. 임진왜란의 판도를 바꾼 것이다.

그런데 이런 승리는 조선의 든든한 지원 속에 이루어진 것이 아니었다. 1597년 정유재란 당시, 이순신 장군은 적의 계략을 간파하고 신중하게 대응했음에도 불구하고, 조선 조정의 무리한 출동 명령을 거부했다는 이유로 삼도수군통제사 자리에서 해임되었다. 더구나 체포되어 혹독한 고문과 심문을 받으며 목숨까지 위협받는 상황에 처했고, 결국 백의종군이라는 치욕을 감내해야 했다. 그러나 이후 칠천량 해전에서 원균이 대패해 조선 수군이 궤멸적인 피해를 입자, 이순신 장군은 다시 삼도수군통제사로 복귀하게 되었다.

그는 명량해전에서 단 12척의 전함으로 130여 척의 압도적인 적군을 물리치며 기적 같은 대승을 이끌었다. 당시 조정에서는 수군이 무용하다고 판단해 바다를 포기하고 육군에 합류하길 바랐으나, 그 유명한 "신에게는 아직 12척의 배가 남아있습니다"란 말을 남기며 전쟁을 치렀다.

목숨까지 위협받은 상황을 겪고도 나라와 백성을 소중히 생각하며 다시 전장에 나간 이순신 장군을 생각하면 아직도 가슴이 뭉클하다. 리더 한 사람의 철학과 전략, 불굴의 의지와 용기가 얼마나 큰 힘을 발휘하는지 극명하게 보여주는 일화다. 난 이런 이순신 장군을 종종 떠올리며, 난 어떤 사람이 되어야 할지, 어떻게 살아야할지를 늘 되새기곤 한다.

각양각색의 조직문화

과거 전쟁이 끊이지 않고 혼란스러웠던 시절에는 국가의 안정을 위해 군사와 정치 리더십이 절대적으로 필요했다. 군사 전략을 수립하고 병력을 이끄는 장군과 중요한 결정을 내리는 정치 지도자의 역할은 국가의 존망을 좌우할 만큼 중요했다.

그러나 현대는 자본주의 시대에 접어들며, 리더십의 중심이 경제로 이동했다. 이제는 기업과 경제 분야에서의 리더십이 국가와 사회의 발전에 핵심적인 역할을 하고 있다. 그래서 현대 사회에서 가장 중요한 역할을 하는 기업의 리더십에 대해 이야기하고자 한다.

나는 10년 넘는 사회생활과 기업 컨설팅을 통해 다양한 회사를 접할 기회를 가졌다. 그런데 신기하게도 같은 한국인들이 모여 있는 조직임에도 불구하고 회사마다 문화와 분위기는 천차만별이었다. 예를 들면 어떤 회사는 경직된 분위기에 잡음은커녕 키보드 소리만 들리는 곳이 있고, 어떤 회사는 시끌벅적 웃음과 토론이 끊이지 않는 곳이 있다. 더 신기한 건 같은 회사지만 부서마다 분위기가 다른 경우도 있다. 물론 영업부서와 IT부서는 구성원들의 성향 차이로 인해 분위기가 다를 수밖에 없지만, 가장 중요한 건 부서와 팀의 리더가 누구인지가 가장 중요하다는 것이다.

리더는 조직을 비추는 거울이다

실례로 군대에서 대대장님 두 분을 모신 적이 있는데, 두 분의 리더십은 극명히 달랐다. 한 분은 엄격함으로 유명하셨고, 다른 한 분은 아버지처럼 따뜻하셨다. 엄격한 분이 계실 때는 모두가 실수를 최대한 안 하기 위해 늘 조심했지만, 인자한 분이 계실 때는 대대가 밝고 늘 활기찬 분위기였다. 윗사람이 근엄하면 아랫사람이 웃을 수 없고, 윗사람이 웃으면 아랫사람도 덩달아 웃게 되는 신기한 마법을 경험했다. 팔로워는 리더를 예의주시할 수밖에 없고, 리더의 표정에 동화될 수밖에 없다.

분위기 차이에 따라 성과가 극명하게 달라진 케이스도 경험했다. 나의 첫 직장생활은 보험회사 영업관리직이었다. 처음 부서에 발령받자마자 선배들에게 씩씩하게 인사드렸다.

"안녕하십니까! 이번에 발령받은 신입사원 조창오입니다. 잘 부탁드립니다!"

나의 인사가 끝났지만, 선배들의 반응은 싸늘했다. 그때 그 분위기는 마치 초상집 같아서 아직도 생생히 기억난다. 실적이 좋지 않아 부서에서 회의를 하고 있던 것이었다. 그러나 그 어두운 분위기는 몇 달이나 지속되었고, 결국 연말이 되어 부장님과 팀장님을 비롯해 대대적인 인사이동이 있었다.

뛰어난 리더 한 사람의 영향력

새로 바뀐 부장님은 굉장히 열정이 넘치셔서 당시 200명 넘는 사업단 보험설계사분들에게 직접 보험상품을 교육했다. '지금 시점엔 어떤 보험상품을 팔아야 하는지, 왜 이것을 팔아야 하는지, 어떤 소구점으로 팔아야 하는지' 등을 설명하셨는데, 묘하게 설득이 되고 뭔가 잘 팔릴 것 같은 느낌이 들었다. 말 하나로 사람을 울고 웃기는 엄청난 재능이 있으신 분이었는데, 책에 이런 표현을 써도 될지 모르겠지만 마치 '신흥 종교의 교주' 같았다.

신기하게 사업단의 실적도 좋아졌다. 직전 해만 해도 최하위였던 전국 사업단 실적이 상위권까지 간 것이다. 리더 한 명의 영향력을 몸소 실감했다. 그리고 새로운 부장님은 나에게도 기회를 많이 주셨다. "창오야. 네가 막내지만 200명 앞에서 교육도 해봐. 미리 경험해보면 좋으니까"라고 말씀하시며 중요한 교육 기회도 주셨고, "200명 앞인데도 하나도 안 쫄고 말 잘하는데? 소질있다?"라고 칭찬도 많이 해주셨다.

사회생활 하면서 처음으로 인정받아서 그런지 10년이나 지났는데도 당시 부장님의 칭찬과 표정이 기억에 많이 남는다. 이후에도 부장님은 내가 마이크 잡는 걸 좋아하는 걸 알아채셨는지, 아예 반기에 한 번 있는 사업단 전체 체육행사 기획과 MC를 맡기기도 하셨다. 부서 선배들은 나에게 "부장님이 너를 아들처럼 아끼는 것 같다. 부장님께 잘해라"라는 말을 종종 할 정도로 당시 부장님께 예쁨을 많이 받았다.

나와 부장님은 지금은 그 회사를 퇴사했지만, 아직도 종종 소식을 주고받는다. 처음 발령받고 얼어붙어 있던 신입사원에게 늘 칭찬과 격려를 해주셨던 부장님께 항상 감사한 마음을 가지고 있다.

이처럼 리더의 여유 있는 칭찬 한 마디, 작은 웃음 하나에 많은 사람들이 영향을 받는 것을 난 자주 느끼며 회사생활을 했다. 사람들은 보통 하루에 가장 많은 시간을 직장에서 일하며 지낸다. 그래서 일터가 행복해야 일상이 행복할 수 있다. 그러기 위해선 이 일터를 행복하게 만드는 리더가 많아져야 한다. 리더는 조직을 비추는 거울이다. 멋있는 리더가 세상에 많아졌으면 좋겠다.

사람의 마음을 얻는다는 것

어릴 적 또래들 사이에서 리더 역할을 해보는 것과 성인이 되어 커뮤니티를 이끄는 것은 난이도에서 큰 차이가 있다. 또래 집단의 리더는 실수를 하더라도 친구들이 이해해주거나 넘어가는 경우가 많지만, 커뮤니티 리더는 다르다. 리더십이 부족하거나 모임을 잘 이끌지 못하면 회원들이 빠르게 이탈하거나, 심지어 모임 자체가 사라질 수도 있다.

하지만 그보다 더 어려운 리더십은 회사를 이끄는 것이다. 특히 창업 초창기에는 대표가 조금이라도 선택을 잘못하면 회사가 곧바로 무너질 위험이 있다. 이는 생존과 직결

된 문제이기 때문에 리더십의 난이도는 커뮤니티를 운영하는 것보다 훨씬 더 높다고 할 수 있다.

퇴사는 해도 괜찮아. 대신 여행만 한 번 갔다 오자

영상제작 회사를 운영하면서 가장 힘들었던 때는 바로 가장 아끼는 PD가 그만두겠다고 했을 때다. 그 PD는 회사에 공헌도가 가장 높고, 헌신적이기에 절대로 없어선 안 되는 사람이었다. 이 친구가 나가겠다고 하는 날 마음이 너무 아팠다. 이유도 물어보고 달래도 봤지만, 방법이 없음을 깨닫고 잘 헤어져야겠다고 마음먹었다. 게다가 감사하게도 현재 맡고 있는 프로젝트까지 마무리해놓고 떠나겠다고 말해주었다.

이 PD는 자기 성장 욕구가 강해서 영상 편집 외에 따로 일본어도 따로 배울 정도로 열정이 넘쳤다. 그래서 이 친구가 떠날 때 어떤 선물을 해줄까 고민하다가, 일본 여행을 다녀와야겠다고 생각이 들었다. 하지만 촬영과 편집 스케줄이 꽉 차 있었기 때문에 서로 긴 시간을 내기 힘들었다. 그래서 얘기했다. “퇴사는 괜찮은데, 우리 여행만 한 번 갔다 오자. 네가 좋아하는 일본으로 말이야. 남자끼리 1박은 좀 그렇고. 당일치기로 가서 맛있는 것 먹고 오자. 참고로 비행기표, 밥값, 교통비 등은 절대 신경 쓰지 말고 가자"라고 했는데, 이 친구가 너무 좋아하는 것이었다.

'무엇을 선물하는 게 이 친구가 가장 좋아할까?'를 고민했다가 생각한 아이디어였는데, 좋아해 주니 나도 뿌듯했다. 난 내심 '이 친구의 마음을 되돌릴 수 있을까?'란 생각을 하기도 했다. 그러나 그 마음보다 앞선 것은 헤어질 때 헤어지더라도, 내가 얼마나 이 친구를 존경하고 감사하게 생각하는지 마음은 전달하고 싶었다. 그리고 미안했다. 더 좋은 대우 받고 더 존중받았어야 할 사람이 부족한 리더를 만나서 얼마나 마음이 안 좋았을까 마음이 아팠다. 같이 여행을 가면서 그동안 고생 많았다고 얘기해주고 싶었다.

그렇게 여행 당일이 되었다. 우리가 여행할 곳은 후쿠오카였다. 남자 둘이서 당일치기 일본 여행이라니…. 그렇게 우리의 우당탕탕 여행이 시작되었다.

후쿠오카의 맛집들과 명소들을 이곳저곳 돌아다니고, 카페에서 쉬기도 하면서 일과 미래에 대한 이야기도 나눴다. 대화를 나누다 보니, 매번 똑같은 포맷의 영상을 올리기보다 새로운 기획과 다양한 장소에서의 촬영 니즈가 크다는 것을 알게 되었다.

난 매주 올라가는 루틴한 영상이 본인에게 더 편하지 않을까 생각했었는데, 오히려 이 친구는 새로운 도전에 대한 갈증이 있었던 것이다. 그런 니즈를 알고 나니, 매번 루틴한 업무보다 변화가 있는 일을 더 선호했던 과거의 내가 생각났다. 언젠가 이 친구가 다시 나와 함께 해주겠다고 얘기하면, 매주 올라가는 유튜브 채널을 맡기는 것보다 비정기적으로 들어오는 기업 영상을 맡겨야겠다는 생각이 들었다.

이런저런 이야기 나누다 보니 어느새 밤 비행기를 타고 한국으로 돌아왔다. 헤어질 때쯤 나는 비장의 카드를 꺼냈다. 여행을 떠나기 전에 장문의 편지를 2장이나 써 놨던 것이다. 이 편지에는 그동안 함께 해줘서 고마웠다는 것, 덕분에 회사가 성장할 수 있었다는 것, 그리고 한참 동생이지만 얼마나 내가 많이 존중하는지를 정성스레 썼다.

게다가 여행을 위해 환전해 놨다가 남은 2만엔 가까운 돈도 나중에 여자친구랑 올 때 쓰라며 편지봉투 안에 같이 넣어놨다. 이 친구는 남자에게 이렇게 정성스러운 편지를 처음 받아봤다며 엄청 감동스러워했다.

지금은 어떻게 됐을까? 다행히도 여행 이후로 아직 같이 잘 일하고 있다. 그러나 언제 또 헤어질지 모른다. 아니 헤어지기 전에 회사가 어려워질 수 있다. 항상 원하는 결과가 나오는 것은 아니기 때문이다. 하지만 이 친구가 나와 함께 있는 동안 더 성장하고 더 행복하게 일하길 간절히 바랄 뿐이다. 그 마음이 전달되어서인지 아직 함께 해주고 있어서 감사할 따름이다.

선생님은 교실 안의 피그말리온

내가 리더십을 발휘할 수 있는 기회가 주어진 곳은 회사와 독서 모임뿐 아니라 한 곳이 더 있다. 그곳은 바로 미래를 이끌어 갈 청년들이 모여있는 '대학교'다. 현재 나는 경희대에서 '금융권 취업' 과목을 맡고 있고, 학생들에게 취업뿐 아니라 취업 이후의 진로에 대한 지혜를 나누고 있다. 이 과목은 내가 오기 전까지 폐강 위기에 처해 있었다고 들었는데, 마침 내가 퇴사할 시점에 겸임교수 자리가 나면서 지원하게 되었고, 운이 좋게 임용될 수 있었다.

나는 어릴 적부터 교육에 관심이 많았다. 한때 학원 강사를 꿈꿨을 정도로, 교육이 주는 영향력에 큰 매력을 느껴왔다. 수험생활 당시 스타 강사들의 인터넷 강의를 들으며 단순히 과목에 대한 지식뿐 아니라 동기부여와 위로도 함께 받았던 좋은 기억이 있었다. 그 기억은 나 역시 누군가에게 좋은 자극을 주고, 지혜를 나누며 살아가고 싶다는 꿈을 갖게 했다.

내가 교육심리학에서 가장 좋아하는 이론은 '피그말리온 효과(Pygmalion Effect)'다. 이 연구는 하버드대학교 심리학과 교수 로젠탈 박사와 초등학교 교장 레노어 제이콥슨 박사가 빈민들이 많이 거주하는 미국의 오크 초등학교 교사와 학생들을 대상으로 증명한 이론이다.

연구자들은 임의로 일부 학생들을 '우수 학생'으로 선정했고 교사들에게는 이 학생들이 여러 가지 심리 검사에서 매우 높은 잠재력을 보인 '우수 학생'이라고 거짓 정보를 주었다. 실제로 이 학생들은 특별히 뛰어난 성과를 보이지 않았던 평범한 학생들이었다.

교사들은 자신도 모르게 이 선정된 '우수 학생'들에게 더 많은 관심과 격려를 주었고, 더 높은 기대를 가지고 대했다. 그 결과 몇 개월 후, 이 '우수 학생'들은 실제로 학업 성취도가 눈에 띄게 향상되었다. 반면, 다른 학생들은 이전과 큰 변화가 없었다. 이 실험은 교사의 기대와 행동이 학생들의 성과에 직접적으로 영향을 미쳤다는 것을 보여준다.

피그말리온 효과를 알게 된 이후, 나는 내가 만나는 좋은 인연들에 대해 항상 긍정적인 기대감을 가지며 관계를 맺었다. 동시에, 나의 말과 행동이 상대방에게 미칠 영향이 클 수 있다는 점을 깨달으며, 더욱 신중하고 조심스럽게 행동해야겠다는 다짐을 하게 되었다.

특히 이번 겸임교수는 단순한 1~2시간 강연이 아닌 16주간 학생들에게 지속적인 영향을 미치는 자리이기에 피그말리온 효과를 유념하며 수업에 임했다.

우선 학생들에게 은행, 증권, 보험, 카드 등 금융권이 무슨 일을 하는지 개괄적으로 강의하고, 실제 어떤 일들을 하는지 자세히 알려주기 위해 지인들에게 강연을 부탁하기도 했다. '산업은행', '금융감독원' 등 금융 공기업부터, 유명한 민간 금융 회사들의 현직자가 직접 강연을 하니 학생들의 만족도가 높았다. 게다가 난 공기업 면접관으로 종종 나가기 때문에, 면접관 입장에서 바라본 자기소개서 작성방법과 면접방법을 가르쳤고, 학생들은 현실적이라고 좋아했다.

그런데 난 학생들에게 늘 금융권 취업만을 인생의 목적으로 두지 말라고 강조했다. 안정적이고 다소 보수적인 문화에 잘 맞는 사람이 있는 반면, 창의적이고 변화를 좋아하는 사람들이 있다. 각자가 어떤 성향인지를 빠르게 파악해서, 좋아하는 일을 하고 행복하게 살라는 게 나의 수업의 핵심이다. 취업이 인생의 목적이면, 그것이 이루어졌을 때 허무하다. 그렇게 자아 탐색 없이 흘러가는 소중한 젊음은 너무 아깝다.

나는 학생들이 자신에 대해 끊임없이 질문하길 바란다. 이렇게 질문하다 보면 자신의 적성에 따라 취업하는 사람도 있을 것이고, 창업에 도전하는 사람도 있을 것이다. 나처럼 너무 늦게 꿈을 찾지 않기를 바라는 마음이 이 수업에 담겨 있다.

이런 진정성 있는 마음이 잘 전달이 됐는지 학생들이 많이 좋아해 주고, 개인 연락도 자주 온다. 난 마지막 기말고사가 끝나면 학생들에게 어떤 점이 좋았는지 물어본다. 그럴 때마다 대답은 내 강의나 현직자 특강도 너무 좋았지만, 삶의 태도를 배울 수 있어서 좋다는 반응이 많았다.

또한, 학생이기 이전에 한 사람으로서 존중받고, 무언가 꿈을 이룰 수 있겠다는 생각이 들었다는 얘기에 나도 깊게 감동을 받았다. 책에서 배운 피그말리온 효과이지만, 강의

실 안에서 이것을 적용하고 미래를 짊어질 청년들의 자신감을 높여 주었다는 것에 무한한 직업적 소명을 많이 느낀다. 아직까지도 여운이 가시지 않는 한 학생의 말이 떠오른다.

"부모님과 저 자신보다도 제 칭찬을 많이 해주셔서 감사합니다. 조창오 교수님을 만나서 영광이었습니다"

준오헤어가 커뮤니티의 롤모델인 이유

커뮤니티는 취향이 잘 맞는 사람들과 함께 소속되어 더 행복해지기 위해 만들어진다. 현대 사회에서 이러한 커뮤니티는 사람과 사람을 연결하며, 외로움을 줄여주는 공동체 역할을 한다. 또한, 마음의 쉼터가 되어주고 각자의 깊은 취향을 발견하는 공간이 되기도 한다.

커뮤니티가 이렇게 발전한 데에는 취향의 다양화도 있지만, 기존의 전통적 커뮤니티—혈연, 지연, 학연, 회사 등—가 개인의 기대를 온전히 충족시키지 못한 이유도 크다. 특히 하루 중 가장 많은 시간을 보내는 회사에서, 일로써 보람을 느끼고 자아실현 하고 있다고 말하는 사람은 많지 않다. 그런데 신기하게도 이 회사 직원들은 다르다. 그곳은 바로 준오헤어다.

준오헤어 이야기

준오헤어는 강윤선 대표의 유튜브 채널 운영을 도와주면서 인연이 시작되었다. 다른 유튜브 채널에서 강윤선 대표를 이미 많이 보아서 성공 신화에 대해 잘 알고 있었지만, 준오헤어 문화를 속 깊게 알진 못했다. 그러나 1년이라는 시간 동안 준오헤어에 대해 공부하고 알아가면서 '준며들게(준오헤어에 스며들게)' 되었다.

강윤선 대표는 어렸을 적부터 집안 형편이 매우 어려워 초등학교를 졸업한 후 야간중학교에 갔다. 남들이 중학교 다닐 나이부터 학업과 일을 병행해야 했던 것이다. 그러던 어느 날 동네 미용실에 머리를 하러 갔는데 한 아주머니가 들어와 직원에게 잠깐 동안 보따리 하나를 좀 맡아줄 수 없냐고 부탁했다. 직원은 거절했고 아주머니는 힘없이 돌아갔다.

그 모습을 보던 그녀는 '나 같으면 친절하게 받아줬을 텐데. 그럼 저 아주머니는 평생 내 단골이 될 텐데. 나라면 정말 잘할 수 있을 것 같은데'란 생각을 했다. 그 계기로 1년제 미용기술학교에 입학해 오전에는 수업을 듣고 오후에는 미용실에서 실습했다. 그렇게 디자이너 생활을 거친 그녀는 20대 초반이던 1982년, 성신여대에 준오헤어 1호점을 열었다.

그 시작은 작고 많은 어려움이 있었지만, 현재 준오헤어는 3천여 명의 직원과 함께하고 있고, 연매출 3천억대를 기록하는 대한민국 최고의 대표 미용 브랜드로 성장했다. 이뿐만 아니라 동남아와 일본에도 진출하며 글로벌 브랜드로의 도약을 꿈꾸고 있다. 세 자녀의 엄마이기도 한 그녀의 놀라운 행보는 듣고도 믿기 어려울 정도다.

준오헤어가 특별한 점은 우선 탄탄한 교육 시스템이다. 준오헤어에 입사하면 누구나 2년 6개월 동안 준오아카데미에서 교육받아야 한다. 이 과정에서 모든 테스트를 통과하면 비로소 디자이너로 데뷔할 수 있는데, 1년에 두 번 열리는 헤어쇼를 통해 2,000명 넘는 사람들 앞에서 200여 명의 디자이너들이 그들의 데뷔를 알린다.

정식 디자이너가 된 후에도 리더십 교육, 기술 교육, 세일

즈 교육 등 역량 강화를 위한 교육이 수시로 진행된다. 또한 한 달에 한 번 본사에서 지정한 도서를 함께 읽는 독서 경영을 하기도 한다. 민간 기업이었다면 '블라인드 앱(직장인들의 익명 커뮤니티 앱)'에서 난리 날 일이지만, 준오는 독서와 토론을 통해 함께 성장하는 문화가 기본으로 깔려있다.

강윤선 대표는 독서 경영의 좋은 점에 대해 이렇게 말한다.

"제가 가진 경험으로 이 세상을 살기에는 경험이 너무 짧아요. 그러나 책에는 많은 사람의 경험이 담겨 있어요. 우리가 보지 못했던 다양한 시선들을 폭넓게 볼 수 있게 해주거든요. 게다가 준오헤어의 독서 경영은 30년째 이뤄지고 있는데, 한 달에 한 권 3,000명 넘는 직원 모두가 하나의 책을 읽고 공통의 공감대를 가지고 대화 나눌 수 있어서 좋답니다. 저는 준오헤어에서 가장 잘한 일이 독서 경영이라고 생각합니다."

강윤선 대표는 "준오는 성장이 전부다"라고 늘 강조하며, 직원들과 함께 성장하려는 열정이 남다르다. 이를 보여주는 대표적인 사례가 있다. 1993년, 체계적으로 미용을 배울 곳을 찾던 중, 영국의 비달 사순 아카데미를 알게 된 그녀는 큰 결심을 한다. 어렵게 마련한 집을 남편 몰래 팔아 2억 원을 마련한 뒤, 16명의 직원과 함께 영국으로 단기 유학을 떠난 것이다.

"나 혼자 배워서는 마른 땅에 물 한 번 붓는 것과 다를 바 없다고 생각했어요. 그래서 모두가 함께 경험하고 변화하는 계기를 만들어 주고 싶었죠. 당시 우리나라의 미용 기술은 주먹구구식이었지만, 영국은 매우 체계적인 교육 시스템을 갖추고 있었습니다. 이 유학을 통해 '헤어디자이너'라는 직업에 대한 가능성과 자부심을 새롭게 깨달았고, 준오도 디자이너들을 체계적으로 교육하면 얼마든지 성장할 수 있다고 확신하게 됐습니다."

준오헤어가 좋은 커뮤니티의 본보기인 이유

커뮤니티의 본질은 '좋은 영향을 서로 주고받으며 함께 성장하고, 지속 가능한 관계를 형성하는 것'이다. 준오헤어는 이러한 커뮤니티의 본질적인 속성을 그대로 반영하는 조직이다. 일반적인 프랜차이즈 미용실과 달리, 준오헤어는 모든 매장을 직영으로 운영한다.

준오헤어에 10년 이상 근무한 직원과 본사가 파트너십을 맺고 매장을 추가로 오픈하는 형태다. 하지만 이곳의 원장은 아무나 될 수 없다. 인턴부터 디자이너 과정을 거친 구성원 중 실력과 인성, 로열티를 검증받는다. 또한 후배들을 성장시키며 그들에게 인정받은 사람만이 한 지점의 원장이 될 수 있는 자격을 얻는다. 그렇기에 준오헤어에서는 선배들이 자신의 노하우를 아낌없이 전수하고, 후배들은 이를 배우며 성장하는 멘토-멘티 문화가 자연스럽게 자리 잡고 활발하게 이어지고 있다.

준오헤어는 교육 시스템과 함께 성장하는 문화가 잘 자리 잡힌 회사다. 하지만 내가 준오헤어를 좋은 커뮤니티로 보는 가장 큰 이유는 그들이 일터에서 행복해 보이기 때문이다. 먼저 강윤선 대표는 내가 지금까지 만나본 사람 중에서 가장 직업만족도가 높은 분이다. 그녀는 많은 사람들에게 존경받는다.

준오헤어는 매년 초 한 해 동안 고생한 직원들을 격려하기 위해 시무식이 열린다. 매출이 높은 직원들, 가장 많이 성장한 직원들, 그리고 많은 사람들에게 존경받는 리더들을 시상하는데, 시상 소감 때마다 직원들이 강윤선 대표를 찾는다.

난 처음에 '여기는 종교단체인가? 아니면 여기가 북한인가?'란 생각이 들 정도였다. 하지만 시무식 소감에서 사람들이 강윤선 대표를 먼저 언급하는 이유는, '그녀가 얼마나 미용업을 하는 사람들의 자부심을 높이기 위해 노력해왔는지', '직원들을 얼마나 사랑하는지', '함께 성장하고 싶은 마음이 얼마나 큰지'를 잘 알기 때문이라고 생각한다.

강윤선 대표를 바라보며 눈시울을 붉히고 떨리는 목소리로 말하는 수상자들의 표정은 오래도록 잊히지 않을 것 같다. 또한 어떤 수상자가 나오더라도 같이 기뻐해 주고 환호해 주는 이 회사는 앞으로도 잘 될 수밖에 없다는 생각이 들었다. 아니, 더 잘 돼서 많은 사람들에게 알려지고 "이런 회사가 있구나. 나도 이런 기업문화를 만들어 보고 싶다" 하는 리더들이 많아지길 바란다.

커뮤니티는 결국 모임을 이끄는 리더와 구성원이 모두 행복해야한다. 누구 한 명이 희생하는 커뮤니티는 지속 가능하지 않다. 그런 점에서 준오헤어의 커뮤니티 리더십은 많은 사람들에게 알려졌으면 좋겠다.